"LES JUIFS EN FRANCE"

IV

LUCIEN REBATET
(François Vinneuil)

LES TRIBUS
DU CINÉMA
ET
DU THÉÂTRE

2019
the Savoisien & Baglis

LUCIEN REBATET
(François Vinneuil)

LES TRIBUS
DU CINÉMA
ET
DU THÉÂTRE

AVEC 8 ILLUSTRATIONS HORS TEXTE

IMPRIMERIE SPÉCIALE
NOUVELLES ÉDITIONS FRANÇAISES
21, RUE AMÉLIE, 21 PARIS
Achevé d'imprimer le 5 avril 1941

Copyright by Nouvelles Éditions françaises 1941.

Première édition numérique 1ᵉʳ juillet 2007

the Savoisien & Lenculus

Tous droits de traduction et de reproduction réservés pour tous les pays.
Exegi monumentum ære perennius
Un Serviteur Inutile, parmi les autres

SCAN, OCR, CORRECTION, MISE EN PAGE
15 Août 2019
LENCULUS †(2016) & BAGLIS
in memoriam

Tous droits de traduction et de reproduction réservés pour tous les pays.
Pour la Librairie Excommuniée Numérique des CUrieux de Lire les USuels

TABLE DES MATIÈRES

**Comment les juifs
ont eu la vocation du cinéma** 9

**Les premières tribus en France :
Osso, Haïk et les Natan** 15
    L'argent bourgeois boude le cinéma 17
    Le juif chez Pathé 19
    L'avènement du film sonore : Astes d'Haïk et d'Osso 21
    Les Natan et le coq gaulois 26
    Technique du « siphonage » 28

la grande invasion 37
    Des loges au studio 40
    Crépuscules 42
    La lie des ghettos est pour nous 45

Un royaume d'Israël 49
    Des noms et des chiffres :
        producteur et metteurs en scène 51
    Les exploitants 53
    ... Et tous les autres 56
    Le film « français » 57
    Le ghetto des champs-élysées 60

Leurs finances 63
Un aveu de Jean Zay 65
Virtuoses de la fausse traite et de la faillite 66

Leur art 73
Démagogie juive 74
L'esthétisme marxiste 77
Au service du bellicisme juif 79

Au bout du rouleau 83
Le cinéma juif fait la guerre 84
Ceux qui s'accrochent 85
La plus simple des conclusions 86

Le boulevard juif 95

Le théâtre ne paye plus 101

Bernstein 105

Pour bien terminer la pièce 113

✠

PREMIÈRE PARTIE

FIG. 1

Étienne-Jules Marey
(5 mars 1830 - 21 mai 1904)

Étienne-Jules Marey parmi ses inventions : sphygmograph, instruments d'enregistrement sonore, le modèle de vol d'oiseaux, projecteur, appareil photo.

CHAPITRE PREMIER

COMMENT LES JUIFS ONT EU LA VOCATION DU CINÉMA

Je vais aborder ici l'un des chapitres les plus classiques, les plus ahurissants aussi de l'invasion juive en France. Pour montrer avec une clarté suffisante les étapes de cet incroyable fléau, il est nécessaire, je crois, de déborder un peu le cadre de cette collection. Le cinéma est essentiellement international Juifs qui l'ont saccagé chez nous appartenaient à l'espèce la plus insaisissable, la plus vagabonde. Il faudra franchir de temps à autre les frontières de notre pays pour bien découvrir la trame de leurs méfaits.

Le cinéma a vu le jour en France. Ses précurseurs s'étaient nommés Étienne-Jules Marey, magnifique chercheur au nom trop peu connu, Émile Reynaud, Démeny, Le Prince. Au printemps 1895, les frères Auguste et Louis Lumière faisaient breveter le premier appareil de projection, et donnaient en décembre suivant, boulevard des Capucines, la première représentation publique de cinéma, devançant de six mois Edison qui poursuivait en Amérique des études parallèles aux leurs.

On ne doit pas oublier non plus que deux autres pionniers de la photographie animée qui travaillaient à cette époque aux Etats-Unis s'appelaient Eugène Lauste, Parisien de Montmartre, et Jean-Acmé Le Roy, descendant d'émigrés français. Les premiers vulgarisateurs de la découverte, en même temps scénaristes, metteurs en scène, comédiens, opérateurs et exploitants de films ont été Charles Pathé et Léon Gaumont. Le premier artiste véritable du cinéma fut le délicieux bricoleur-poète Georges Méliès, créateur du premier studio et d'innombrables et féeriques truquages. Le premier commanditaire de films fut un honnête industriel du nom de Grivolas, offrant un million à Charles Pathé, qui avait débuté dans des baraques de fêtes foraines.

Jusque-là, nous n'avons été qu'entre Aryens. Dans leur *Histoire du Cinéma*(1), si vivante et si prodigieusement documentée, Maurice Bardèche et Robert Brasillach nous ont fait le tableau le plus pittoresque de l'entrée du Juif dans le « septième art »

La chose se passa en Amérique aux alentours de 1900. Il y avait dans les ghettos de New-York et de Chicago quelques petits Juifs du nom de Marcus Lœw, Adolphe Zukor, William Fox, Carl Laemmle, nomades débarqués d'autres ghettos obscurs de l'Europe orientale ou des impasses les plus sordides de Withechapel. Ils étaient tous fripiers, brocanteurs ou revendeurs de fourrures maquillées, plus ou moins receleurs ou carambouilleurs. Ces faméliques vagabonds étaient prêts à n'importe quoi. Ils n'avaient rien à perdre, ni réputation ni fortune. Ils tenaient l'Amérique pour la terre de tous les miracles. Avec les bénéfices de quelques petites filouteries et quelques centaines de dollars d'emprunt, ils se jetèrent frénétiquement sur la nouvelle découverte.

On a beaucoup parlé de leur hardiesse. Le mot d'astuce conviendrait mieux. Les Lumière, Edison considéraient au plus leur admirable invention comme une curiosité scientifique, intéressante sans doute pour les laboratoires, mais dont le succès

---

1.— Editions Denoël

de spectacle serait bien vite épuisé. Edison, il est vrai, devait revenir de son erreur et défendre ses prérogatives avec une âpreté au gain fort remarquable. Mais les brocanteurs Juifs étaient déjà solidement installés dans la place, plusieurs fois millionnaires et maîtres des premiers « circuits » de salles obscures.

☩

Une vingtaine d'années plus tard, au lendemain de la grande guerre, le cinéma est devenu une des premières industries du monde.

L'Amérique y tient la tête de très loin. Les petits Juifs, aux machinations toujours un peu irrégulières, ont pris le chemin du Far-West pour fuir les hommes de loi. Le plus marmiteux d'entre eux s'est fixé dans un misérable village de Californie dont l'univers entier connaît maintenant le nom : Hollywood.

Pendant l'interminable tuerie européenne, l'Amérique a travaillé à tour de bras, connu dans tous les domaines un étonnant essor. Le cinéma a suivi le mouvement.

Il a trouvé, sur le plan commercial, son organisation définitive. A la base, la production, qui réunit les capitaux, engage les metteurs en scène, leur donne les moyens techniques de réaliser les films. Puis, la distribution ou location, qui loue les films aux directeurs de salles. Enfin, l'exploitation, c'est-à-dire tout l'ensemble des salles de projections.

Dans les grandes firmes américaines, telle que la Paramount de l'ex-regrattier Zukor, associé à un autre Juif, ex-impresario en faillite, J.-L. Lasky, tous ces organismes ne font qu'un. Le producteur possède ses studios. Il distribue lui-même les films qui en sortent à ses salles réparties sur tout le continent.

Ce système est d'une remarquable cohésion. Il a fait ses preuves. Si le cinéma est né dans les laboratoires de France, c'est à Hollywood qu'il a grandi, qu'il a conquis son autonomie à la fois d'industrie et d'art, que sa technique s'est prodigieusement développée et perfectionnée.

Mais il serait tout à fait puéril et sommaire d'en conclure que le succès incontestable du cinéma américain a été l'œuvre de « bons » Juifs, cependant que nous n'héritions que des « mauvais » Les Juifs promènent partout les vices de leur race. Hollywood est marqué de toutes leurs tares, et on en reparlera ici.

Il est symbolique d'observer que la première tribu juive du cinéma n'apportait d'autre contribution que son ingéniosité commerciale. Les Aryens avaient créé. Les Juifs accouraient derrière eux pour exploiter leur travail. Ce mot d'« exploitation », si plein de sens en la matière, est du reste entré comme on vient de le voir dans le vocabulaire quotidien du cinéma.

Les Zukor, les Laemmle, célébrés par Israël comme des pionniers géniaux de l'écran, n'ont jamais tourné de leurs mains un seul mètre de pellicule, écrit une seule ligne de scénario, dirigé de leur voix le moindre comédien. Mais ces intermédiaires nés surent à merveille acheter le talent des autres, organiser autour de lui une publicité fracassante, et ouvrir boutique pour le montrer aux clients.

Il serait absurde de prétendre dissimuler tout ce que le cinéma doit au demi-Juif Charlie Chaplin. On n'a jamais songé à nier qu'un Juif puisse avoir du génie, surtout lorsque dans ses veines le sang chrétien parvient — bien rarement il est vrai — à corriger l'hérédité de sa race.

Mais il ne faudrait pas davantage que Chaplin nous fît oublier toute la pléiade des réalisateurs de l'époque héroïque, ceux dont les images assurèrent le triomphe du cinéma américain, et qui tous étaient des chrétiens de vieille souche : Griffith, Ralph Ince, Van Dyke, Clarence Brown, Frank Borzage, Stroheim, John Ford, de Mille, Howard Hawks.

Tous ces hommes ont été aidés par des dizaines de milliers de comédiens, de techniciens, d'ingénieurs, d'administrateurs de leur race. L'organisation, les méthodes de travail que l'on admire tant à Hollywood sont des créations typiques de l'esprit yankee.

Il n'existait également, jusqu'à la dernière guerre, aucune commune mesure entre les conditions économiques des Etats-Unis et celles du vieux continent. La circulation monétaire y avait une intensité inconcevable pour nous. La malfaisance d'une opération de finance juive s'en trouvait nécessairement diminuée. Disons que le virus se diluait plus ou moins, qu'il était mieux supporté par un corps social combien plus jeune et actif que le nôtre.

L'importance industrielle du cinéma fut aussi reconnue aux Etats-Unis, encore trop tard pour fermer la porte à bien des forbans, mais beaucoup plus vite cependant que chez nous par ce qu'on appelle les gens sérieux : banquiers, commanditaires, « *businessmen* », capables d'apporter par tranches énormes le fameux « argent frais » dont rêvent tous les producteurs du monde, mais n'ayant aucunement l'habitude de placer des dollars à fonds perdu et tous de taille à faire respecter leurs exigences et à surveiller même les manœuvres d'un M. Zukor.

Les Juifs californiens ont donc pu se livrer entre eux ou ligués contre les chrétiens à des guerres féroces à coups de millions, conduire des spéculations et des escroqueries auprès desquelles MM. Natan-Tannenzaft eux-mêmes ne sont que de vulgaires joueurs de bonneteau : cela n'a encore jamais été mortel pour Hollywood, cela n'a encore été que des tempêtes passagères dans le gigantesque océan de dollars du cinéma américain.

Si l'on considère du reste cette montagne d'or et le nombre très petit en somme d'œuvres durables et belles qu'elle a permis de créer, on s'indigne et l'échec d'Hollywood apparaît. Hollywood, avec tous les talents, toutes les beautés, toute la science auxquels il commande aurait pu mille fois plus ou bien coûté mille fois moins si le Moloch Juif, insatiable et stérile, ne s'était taillé une part monstrueuse dans ses trésors.

FIG. 2

CABIRIA (GIOVANNI PASTRONE, 1914)

Les mésaventures du romain Fulvio Axilla (Umberto Mozzato) et de son fidèle esclave Maciste (Bartolomeo Pagano); qui vont croiser la petite Cabiria, rescapée d'une éruption de l'Etna, que ses parents veulent retrouver. La petite va être secourue de la lave, enlevée avec sa nourrice par des pirates Phéniciens, sauvée de justesse des flammes de la statue d'un dieu Païen, enlevée de nouveau, puis promise à nouveau aux flammes...

CHAPITRE II

LES PREMIÈRES TRIBUS EN FRANCE : OSSO, HAÏK ET LES NATAN

Ce tour en Amérique était indispensable. On a trop souvent objecté la Jérusalem californienne aux antisémites du cinéma français.

Revenons à la France. Au sortir de la grande guerre, la place qu'y tient le cinéma national est infime. La production, qui en est restée aux méthodes primitives, semble incapable de pouvoir jamais se relever de la triomphante concurrence américaine.

Cependant, le cinéma va connaître chez nous une de ses époques les plus attachantes. Son évolution est marquée de tous les traits de notre caractère.

Il n'existe aucune raison industrielle pour que nous possédions un cinéma à nous — surtout au temps du « muet », qui est universel — quand l'Italie n'en a plus, quand l'Angleterre ne parvient pas à en avoir un.

Mais il y a en France des artistes qui savent à la fois « penser pour l'écran » et penser pour un écran français, qui éprouvent le besoin naturel et impérieux de traduire en images mouvantes leurs idées ou leurs sensations. Il faudra bien qu'ils s'expriment, coûte que coûte.

Un par un, dans les premières années de l'entre-deux guerres, on les voit se révéler : René Clair, Jacques Feyder, Jean Renoir, Léon Poirier, Julien Duvivier. Les films de chacun d'eux portent la marque d'une personnalité bien distincte, même quand il s'agit, comme pour les deux derniers, d'artisans honnêtes beaucoup plus que d'artistes. A côté, des énormes machines usinées en grande série de l'Amérique, chacun de leurs ouvrages semble fait « à la main ». C'est leur charme. Et avec leur goût des nuances, des recherches psychologiques ou picturales, leur émotion ou leur ironie qui gardent toujours une saveur de terroir, c'est ce qui les imposera petit à petit.

Des peintres, des poètes, des écrivains tels que Jules Romains, Alexandre Arnoux, Pierre Mac-Orlan, Louis Delluc découvrent de leur côté la force expressive du cinéma. Ils lui consacrent des études et des livres. Ils y collaborent. Ils donnent ses lettres de noblesse à l'art nouveau, considéré jusque là par les intellectuels comme un divertissement d'enfants ou de Papous.

Dans le cinéma purement commercial, les noms qui ont le plus la faveur du public sont ceux de Louis Feuillade, du déplorable Léonce Perret, de Jacques de Baroncelli.

Jusqu'ici, parmi les metteurs en scène, le contingent des Juifs reste modeste. Le plus notoire est Jean Epstein. Il est Juif avant tout par son esthétisme ambitieux et composite. Ses écrits — car il a noirci aussi du papier, la Lyroscopie entre autres — sont d'un amphigouri fort révélateur également de l'esprit Juif. J'allais placer à côté d'Epstein Abel Gance. On assure qu'il aurait fait la preuve d'un aryanisme suffisant... Rien, cependant, n'exhale un fumet Juif plus prononcé que le messianisme primaire et vaniteux de *Prisme*, le journal intime où il assure s'être mis tout entier. A l'écran, longtemps, on a beaucoup pardonné à Epstein et à Gance à cause de leur amour sincère des images. Gance a été pour le cinéma un véritable initiateur, par sa virtuosité, par ses trouvailles techniques nées d'un lyrisme désordonné mais puissant, jusqu'au jour où il sombra définitivement dans un pathos ridicule qui fait de lui une espèce de Hugo de synagogue.

Le cinéma commercial compte de petits mercantis de

médiocre envergure, Juifs d'importation déjà ancienne, des Braunberger, des Diamant-Berger et encore une foule de comparses que nous retrouverons mais qui ne se livrent encore qu'à des activités obscures ou inavouables.

On connaît aussi M. Raymond Bernard, fils du vieux matois Juif Tristan Bernard. La renommée paternelle lui permet de mettre en œuvre de vastes machines historiques, composées consciencieusement, mais qui ennuient à la fois le public populaire et les amateurs.

Le renom grandissant du cinéma français attire plusieurs auteurs étrangers, mais non Juifs. C'est la forme heureuse et féconde du cosmopolitisme. Il s'est constitué ainsi à Montreuil un petit groupe de Russes blancs, presque entièrement autonome, où les talents ne manquent pas. Un Danois surtout, Carl Dreyer, réalise chez nous une *Passion de Jeanne d'Arc* qui demeurera dans notre souvenir comme un chef-d'œuvre de sobriété pathétique.

L'ARGENT BOURGEOIS BOUDE LE CINÉMA

De 1920 jusqu'à l'avènement du film sonore, le cinéma français, favorisé par le goût du divertissement, par le remue-ménage d'idées de cette époque, a connu une brillante évolution. Il est parvenu à concurrencer, au moins chez nous, le cinéma américain.

Mais ses efforts créateurs n'ont pas trouvé les appuis matériels qu'ils méritaient. Le procès des Juifs du cinéma en France serait incomplet si on ne rappelait, au moins en passant, la lourde responsabilité du capitalisme bourgeois et de l'État sur ce chapitre.

Dans toutes ces années d'après-guerre, alors que les salles obscures reçoivent chaque jour des centaines de milliers de spectateurs, que le cinéma brasse l'argent par centaines de millions, nos grands chefs d'industrie, nos éminents économistes, nos plus solides banquiers, les grandes confréries considérées et opulentes des inspecteurs des Finances et des Polytechniciens persistent à ignorer le cinéma ou à le tenir pour un divertissement de domestiques. Il n'est pour eux ni bienséant ni raisonnable de risquer un sou dans ce commerce de saltimbanques.

L'État, de son côté, n'a pas le moindre soupçon de l'incomparable instrument de propagande que le cinéma pourrait lui offrir et qu'il est déjà devenu pour tant de pays.

Ces préjugés, ces routines, cette ignorance sont pour le cinéma français une véritable infortune. En le méprisant ainsi, les vrais hommes d'affaires et les officiels l'abandonnent aux sots, aux boutiquiers, aux fricoteurs. On peut dire que jusqu'à aujourd'hui, 1941, le cinéma français a porté la tare d'avoir grandi dans les foires. Les premiers producteurs, ceux d'avant 1914, n'ont jamais manqué une occasion de faire célébrer leur gloire et leur génie. Certes, leur confiance dans la boîte à images, leur ingéniosité, leur entrain ne furent pas de minces mérites. Mais ils étaient aussi rien moins que cultivés et que distingués. Par instinct, ils étaient portés à donner raison aux goûts les plus vulgaires du public. Ils ne pouvaient guère comprendre que, sur l'écran, les inventions d'un artiste qui déroutent d'abord ou choquent la foule seront vite répandues, imitées, perfectionnées, et que la foule elle-même ne voudra plus d'un style plus vieux.

On l'a senti à Hollywood, presque jamais à Paris. Aux alentours de 1925, les seules entreprises de cinéma français largement équipées et organisées, Pathé, Gaumont, Aubert, restaient entre les mains d'hommes sans envergure, qui devaient être fatalement distancés et supplantés. Déjà la plupart des films intéressants s'étaient faits en dehors d'eux, souvent avec des moyens et des installations de fortune, que les budgets relativement modestes du « muet » permettaient encore.

Le cinéma français, si riche de promesses, ne possédait toujours pas le puissant organisme où l'on pût concilier les nécessités économiques, rationnellement étudiées, d'une grande industrie, avec les recherches, les pensées nouvelles d'un art débordant de sève. L'état anarchique ou précaire du cinéma français ne pouvait manquer d'attirer les requins.

Ils guettaient l'occasion ; et frétillaient, encore obscurs, entre deux eaux troubles. Ils ne vont pas tarder à faire parler d'eux.

LES TRIBUS DU CINÉMA ET DU THÉÂTRE   *19*

LE JUIF CHEZ Pathé

La fin de « l'ère du muet » voit émerger dans Paris de singulières et inquiétantes physionomies.

Les plus notoires sont celles de MM. Jacques Haïk, Osso et des Tanenzaft, dits Natan.

M. Jacques Haïk est un petit Juif tunisien, grimaçant, remuant, parfaitement inculte. Il s'est déjà signalé, pendant la grande guerre, où il se trouvait bien entendu à l'abri, par son zèle à concurrencer le cinéma français chancelant, en devenant l'introducteur le plus actif des films de la juiverie américaine. Ce n'est un inconnu ni pour la police, ni pour les tribunaux devant qui l'ont déjà conduit un joli nombre de faillites ténébreuses mais dont il a toujours su sortir pimpant et redoré.

M. Ossovitsky, dit Osso, est un Juif russe, né en Palestine, Américain jusqu'à vingt ans, puis devenu citoyen français, bistré comme un tzigane, de caractère altier et qui mène la vie à grandes guides.

Les Natan, Juifs roumains, sont deux frères, M. Bernard, né à Jassy dans une misérable boutique de verrerie, et son ombre fidèle, M. Émile. Il circule sur eux force documents illustrés. Faut-il les reconnaître dans ces photos de gamins Juifs à cadenettes, loqueteux et fangeux, barbotant dans le cloaque de leur ghetto natal ? Ce qui est bien certain, en tout cas, c'est qu'ils figurent en pied dans une série fameuse de films pornographiques qui ont connu une glorieuse carrière dans maintes maisons d'illusion.

C'est par cette charmante spécialité, en effet, que Bernard Natan, arrivé à Paris en savates pour y chercher fortune, a débuté dans sa carrière de producteur. Les deux frères ne dédaignaient pas de participer à l'interprétation de ces mignardises tantôt en déshabillé civil, tantôt en retroussé clérical. On ignore toutefois si c'était par penchant d'amateurs ou pour réduire les frais généraux. Inutile de dire que les voluptés dont ils nous proposent l'image n'ont que de très lointains rapports avec l'Oaristys de Théocrite.

Cette industrie a valu à Bernard Natan, en 1911, une

condamnation à quatre mois de prison pour outrage aux mœurs. Il a trouvé le moyen de se faire réhabiliter et naturaliser du même coup pour ses services de guerre qui furent en effet brillants ! Mobilisé quelque temps à Paris dans un vague bureau, ce curieux soldat, dont il faut reconnaître au moins l'intrépidité comme récidiviste, a fait campagne en organisant la vente à l'Amérique de ses films obscènes, insérés entre deux morceaux de pellicule anodine pour tromper les douaniers.

Directeur depuis 1920 d'une obscure petite entreprise de tirage, aux finances très embrouillées, Rapid-Film, Bernard Natan se trouve brusquement, à la veille du lancement du film sonore, à la tête de la plus grosse firme du cinéma français. Il s'installe dans le fauteuil de M. Charles Pathé qui laisse une affaire en pleine prospérité : une caisse riche de 96 millions et un actif immédiatement réalisable de 392 millions. Les titres de la société, émis à 100 francs, en valent 970, des valeurs de père de famille. M. Pathé s'en va, remplacé par un Juif. C'est la dernière fois que dans le cinéma français on entend ce mot superbe : un actif.

✠

On pense bien que cette subite fortune de l'intéressant figurant en caleçon et support chaussettes présente certaines singularités.

Natan, se sentant mûr pour les opérations de grand style, a su que Charles Pathé songeait à se retirer après trente ans de carrière. Il est parvenu — ce qui n'est pas le point le moins louche ou le moins surprenant de son histoire — à faire garantir auprès du vieux pionnier son irréprochable honorabilité.

Il décide donc, en février 1929, M. Pathé à lui vendre ses actions au prix de soixante millions, payables à raison de dix millions par mois.

Pour exécuter ce contrat, Natan n'a d'autre avoir que ses actions de « Rapid-Film » qui ne valent à peu près rien. Mais il a trouvé des complices. Ce sont les banquiers Conti-Gancel qui n'hésitent pas à lui consentir, sur « Rapid-Film », une avance de vingt-cinq millions qu'il verse à Pathé pour se carrer incontinent dans son bureau directorial.

Le Juif fait aussitôt racheter par la nouvelle société Pathé-Natan sa « Rapid-Film » à Conti-Gancel au prix naturellement de vingt-cinq millions, alors que la maison et ses installations en valent bien le dixième. Il va de soi que les banquiers ont touché pour cette opération un agio fort intéressant, puisé, lui aussi, à la caisse de Pathé.

Ainsi, sans sortir un sou de sa bourse, du reste assez plate, sans fournir d'autre nantissement que des valeurs quasi fictives, un Juif retors et hardi est devenu, du jour au lendemain, le magnat du cinéma français.

Son ascension coûte toutefois vingt-cinq million et les pourboires aux acheteurs bénévoles de « Rapid-Film », les actionnaires confiants et paisibles de Pathé.

Cinq mois à peine après l'entrée du Juif dans la maison, les quatre-vingt-seize millions d'argent liquide auront disparu. Fit ce ne sera encore qu'une simple entrée de jeu.

L'AVÈNEMENT DU FILM SONORE : FASTES D'HAÏK ET D'OSSO

A peu près dans le même temps, le film sonore vient de naître à Hollywood. L'invention est au point depuis 1926. Mais elle est repoussée, mise sous le boisseau par les magnats Juifs qui ne veulent pas être contraints de renouveler tout le matériel de leurs salles et de leurs studios.

Quatre Juifs de seconde zone, les frères Warner, à la veille d'être ruinés par le trust massif que la Paramount de Zukor et Lasky réalise, jouent le coup du « parlant » comme leur dernière carte.

Les bobines qu'ils choisissent pour ces essais sont naturellement d'un insoutenable ridicule. Le public, les journaux sont rétifs. Mais Fox, Juif plus puissant qu'eux, leur emboîte le pas, équipe en sonore de nombreuses salles, se met sur la piste des niaiseries qui auront l'oreille du Yankee moyen. Les spectateurs s'habituent peu à peu aux « talkies ». Les Warner Brothers lancent alors le premier grand film sonore, Le chanteur de jazz, avec le Juif Al Jolson. Il y figure d'abord sous les traits d'un petit youdi, chantre à la synagogue au milieu des rabbins, puis grimé en nègre pour dégoiser un insupportable répertoire boursouflé ou sirupeux. Le chanteur de jazz, camelote typiquement juive, préfigure dignement dix années et plusieurs millions de mètres d'insanités hurlées, dégoisées, de premiers plans d'amygdales et de langues frénétiques, de faux théâtre, de faux music-hall, de faux opéra.

Mais Le chanteur de jazz réalise aussi cette espèce de perfection dans la bêtise et la vulgarité où le triomphe des foules vous est acquis. L'Amérique, tout d'un coup, ne veut plus de films silencieux.

En France, nos Juifs parent le plus longtemps qu'ils peuvent au grain, en faisant décréter que cette nouveauté n'est pas viable, en massacrant les premiers « talkies » d'Hollywood ou en y coupant simplement la bande-son. Quand ils se résignent enfin à faire du « parlant » à leur tour, c'est pour donner le jour à de grotesques mélodrames, tels que Les Trois Masques. Pour empêcher toute espèce de comparaison avec leur pacotille, ils deviennent super-nationaux, décrètent que les Français ne sauraient entendre parler dans une autre langue que la leur, et font arrêter par la douane ou la censure à peu près tout ce qui vient d'Amérique ou d'Allemagne. Il faudra des campagnes de presse furieuses pour qu'ils se résignent, au bout de plus d'une année d'ostracisme, à tolérer la sortie des premiers chefs-d'œuvre étrangers, Halleluyah, par exemple, qu'a tourné avec d'admirables comédiens et figurants nègres ce solide aryen du Texas, King Vidor.

✠

Dix ans après ces batailles, dix ans après les controverses passionnées et confuses pour défendre le « muet » ou précipiter sa fin, personne ne conteste plus que l'invention du film sonore a été pour le cinéma un pas décisif, un immense enrichissement.

Nous voyons, aussi que les Juifs, qui se donnent dans les loges et la presse démocratique pour les apôtres de tous l'es progrès et de toutes les lumières, ont entravé cette conquête aussi longtemps qu'ils l'ont pu. Nous constatons encore que, surtout par leur faute, la magnifique découverte a été immédiatement falsifiée, vouée aux plus triviales et aux plus basses applications.

Les vrais artistes avaient aussitôt compris que pour devenir sonore, le cinéma n'en conserverait pas moins les moyens d'expression qui lui sont propres. Ces moyens se trouvaient simplement renforcés, assouplis, affinés par la parole. On pouvait sans peine intégrer le dialogue et tous les bruits de la nature dans un film, sans ralentir le moins du monde son mouvement, cette cadence que fort peu de spectateurs savent distinguer dans le ruban mobile des images, mais dont ils éprouvent tous le pouvoir, et qui reste, dans le « parlé » comme dans le « muet », la plus subtile et la plus puissante ressource du cinéma.

Dès leur premier contact avec l'écran sonore, King Vidor, René Clair dans Les Toits de Paris, en ont fourni des preuves magnifiques.

Ce sont avant tout les margoulins Juifs qui, par leur mauvais goût, leur cupidité et leur sordide ignorance, ont été les propagateurs de tant de sous-produits de théâtre mis en conserve, qui ont aux trois quarts paralysé le cinéma. Ils y trouvaient un profit facile, une exploitation assurée de la sottise humaine. Sur ce dernier point, leurs prévisions n'étaient que trop justes !

L'avènement du film sonore enfle prodigieuse à travers le monde entier le chiffre d'affaires du cinéma. La réalisation des bandes est devenue beaucoup plus coûteuse. Il importe donc de soutenir leur lancement par une publicité décuplée. La foule « marche » docilement.

Cet essor met nos Juifs de Paris au faîte de leur fortune. Presque tout, désormais, doit passer par leurs mains. L'ère des tentatives isolées est en effet provisoirement close. Au temps du « muet », un jeune metteur en scène pouvait débuter, s'essayer à fixer le thème ou l'idée qu'il avait en tête avec une camera louée, quelques dizaines de billets et la nature pour décor. L'appareil compliqué, pesant, terriblement onéreux du sonore fait maintenant du cinéma une industrie lourde, à tous les sens du mot.

Il dévore des capitaux énormes. Lui qui courait les grands chemins est immobilisé le plus souvent au studio, devenu usine par sa vaste machinerie. Commanditaires, metteurs en scène sont tributaires eux aussi des usines. Et presque toutes les usines appartiennent à des Juifs.

M. Osso ne connaît plus de limites à sa gloire et à ses dilapidations. La légende le peint comme une sorte de satrape, recevant banquiers et hommes de lettres du haut d'une espèce de trône, où il se prélasse en pyjamas brochés d'or, cependant qu'un pédicure chinois lui fignole les orteils.

M. Braunberger est en train de devenir un éminent industriel.

M. Jacques Haïk s'est élevé à son tour à la dignité de producteur. « Les Films Jacques Haïk ». Voilà qui sonne bien. Ce pimpant pavillon couvre une étonnante pacotille qui consternerait même un naturel du Zoulouland. Manifestement, en dépit de toutes les combinaisons de circuits ou de trocs, ces pauvres platitudes ne peuvent se solder que par un déficit. Cependant, la surface sociale de M. Haïk ne cesse de s'accroître. Cet homme a la passion de la propriété bâtie. Les fastes du « Théâtre Paramount », élevé sur l'emplacement du Vaudeville par Zukor et Lasky au moment de leur apogée, empoisonnent ses jours. A trois cents mètres de là, sur les boulevards, il fait transformer la vieille salle de l'Olympia en « Théâtre Jacques Haïk », avec autant de faux or, autant de faux marbre que le rival.

Le Paramount a des girls et des acrobates pour parader entre deux films. M. Jacques Haïk engage aussitôt vingt-quatre paires de cuisses et quelques athlètes complets. Au Paramount, il y a un orgue. M. Jacques Haïk en fait installer un encore plus grand. Et comme au Paramount, il lui faut son orchestre, qu'on monte et qu'on descend sur un plateau mobile.

L'Olympia ne lui suffit bientôt plus. Il fait édifier, boulevard Poissonnière, une sorte de colossal pâté de ciment qu'il baptise modestement le Rex. Il avait même décidé d'en faire un gratte-ciel d'une trentaine d'étages, et ne décolère pas contre les services municipaux qui ont entravé ses ambitions architecturales. Il invite les premiers spectateurs à contempler le faste sardanapalesque des lavabos. Il goûte toutefois moins les chroniques de quelques journalistes qui assurent que c'est là en effet le chef-d'œuvre de M. Haïk et qu'on ne saurait rien voir de plus beau dans son établissement.

La salle offre un salmigondis cocasse de Vénus de plâtre, de minarets, de pergolas, de balcons moyen-âgeux. Le plafond, passé au bleu d'outremer, est piqué de minuscules lampes électriques chargées de faire rêver le public au firmament d'une belle nuit d'été. C'est ce qu'on appelle une salle « atmosphérisée ». Son Rex est évidemment pour M. Jacques Haïk le sommet de tous les arts. Il conçoit le plus vif dépit de ce qu'on ne partage pas communément cette opinion.

Le Rex, pour son spectacle d'inauguration, passe une mouture des *Trois Mousquetaires*, mis à mal une seconde fois par l'honorable M. Diamant-Berger. On a l'avantage d'y voir Richelieu incarné par un cabot hébreu du nom de Samson Fainsilber.

C'est d'ailleurs une règle générale que plus la salle est dorée, plus le film est nul.

Les bonnes gens se demandent comment M. Jacques Haïk peut bien s'y prendre pour édifier de nouveaux « palais », toujours plus coûteux et plus vastes, alors qu'il perd de plus en plus sur chacun de ses films et qu'il a de moins en moins de spectateurs. Il n'y a là aucun mystère. Pour construire, M. Jacques Haïk mange simplement l'argent d'autrui.

Bien entendu, tout ce bel argent ne s'en va pas en béton sans que M. Jacques Haïk n'ait prélevé sa guelte. M. Jacques Haïk a vu jouer Topaze. Il a fait son profit d'une aussi belle leçon. Mais Topaze se contentait de trafiquer sur des travaux publics. M. Jacques Haïk a perfectionné le système. Il vole ses bailleurs de fonds en faisant bâtir, puis il s'institue, au moins sur la façade, propriétaire du bâtiment.

LES NATAN ET LE COQ GAULOIS

Mais les Osso et les Haïk, si remuants soient-ils, demeurent des comparses. Les seigneurs de l'époque sont les Messieurs Natan. On se permet de blaguer les architectures et les navets de M. Jacques Haïk. Les Messieurs Natan, eux, sont tabous. Ils appartiennent au patrimoine national, comme Jeanne d'Arc, comme Foch, comme Notre-Dame. Toucher aux Natan, ce serait endommager le prestige français. Leur marque de fabrique n'est-elle pas le coq gaulois, qui claironne, depuis que l'écran est sonore, le plus fier des cocoricos ?

Pour veiller à l'intégrité de leur réputation, les Natan ont commis un nommé Tinguet, directeur d'une espèce de petite officine de bourse. Il a la charge de « désintéresser » l'armée des maîtres-chanteurs qui possèdent quelques fragments des films pornographiques des deux Juifs et font rendre à ce précieux capital un magnifique revenu. On distribue ainsi jusqu'à soixante enveloppes par jour chez M. Tinguet. L'honorable M. Charles Le Fraper, dont le silence n'était pas estimé à moins de 200.000 francs par chèque, a pu faire vivre par ce moyen pendant des années son *Courrier Cinématographique*.

L'ancienne industrie de la famille Natan, en dépit de ces énormes débours, est la fable de tout Paris. Mais le scandale public est impossible. Rassuré de ce côté, Bernard Natan a organisé sa collusion avec les milieux officiels. Avec beaucoup de flair, il s'est introduit dans le monde radical, qui lui paraît le plus corruptible et le plus puissant. On le voit dans des banquets à la droite d'Herriot, qui se lève au dessert pour exalter, la main sur le cœur, l'œuvre du grand Français Natan. La banque Bauer et Marchai, où Natan fait ses inextricables affaires, est aussi celle d'un des plus grands journaux radicaux-socialistes. Tout un réseau de complicités financières et politiques est ainsi tendu autour des opérations des deux frères, leur assurant le secret et l'aide d'une infinité de commissions, sous-commissions, ministères et bureaux.

Bernard Natan veut aussi régner sur la littérature. Il s'attache les services d'écrivains notoires. Pour diriger l'Image, un petit torchon fait de découpures d'almanach qu'on distribue avec les programmes de la firme, M. Roland Dorgelès palpe, dit-on, 600.000 fr. par an. A un tel prix, en 1932, quelle respectabilité ne peut-on pas acquérir ?

De fait, les Natan, héritiers du nom célèbre de Pathé et de sa maison, sont les maîtres incontestés du cinéma français. Avec leurs studios bien équipés, leurs laboratoires, leurs administrations, leurs techniciens, leurs comédiens, leurs figurants attitrés, le vaste circuit de leurs salles, ces Juifs possèdent un instrument qu'ils pourraient certes perfectionner s'ils en avaient le moindre souci, mais dont la puissance est cependant sans équivalent chez nous.

Or, de 1929 à 1935, la maison Pathé-Natan ne donnera le jour qu'à un film vraiment honorable, *Les Croix de Bois*, de M. Raymond Bernard, réalisées pour faire obtenir la Légion d'honneur à Bernard Natan. S'il a été réussi, il le doit beaucoup moins à son metteur en scène qu'à ses acteurs, tous anciens combattants, qui revivent leur rôle de fantassins avec une poignante et truculente conviction, qu'aux ressources de tout genre et militaires pour commencer, mises à la disposition des producteurs. Ajoutons-y, à la rigueur, *Les Misérables*, du même Raymond Bernard, travail honnête et lourd, qui a fait complètement fiasco devant le public. Tout le reste, c'est-à-dire plusieurs centaines de films, consiste en mornes vaudevilles ou mélos grinçants, les uns et les autres d'une facture enfantine.

Ils ne sont égalés en sottise que par les ours de la Paramount « française », succursale des Zukor et des Lasky d'Hollywood ouverte à Joinville par une maffia de Juifs américains, nantis de plusieurs millions de dollars. L'importance du magot attire immédiatement une nuée d'aigrefins qui nettoient les coffre-forts en l'espace d'une saison. C'est une des curées les plus rondement menées du cinéma, et où les Juifs tiennent leur place avec un solide appétit. Toutefois, c'est un non-Juif, le sieur Saint-Granier qui emporte la plus belle part du gâteau, en s'allouant par exemple 350.000 francs par mois et pour comble, comme directeur artistique ! Sauf la photographie du *Marius* de Pagnol et des numéros de *Noël-Noël*, ces fripouilles laisseront pour seule marque de leur passage une douzaine de sketches d'une délirante imbécillité et dont aucun, je crois, n'a pu tenir l'affiche plus de deux jours.

Le sac de la Paramount n'est qu'un épisode fugitif dans l'histoire de brigands que je suis en train de raconter. Le cas Pathé-Natan est plus grave parce qu'il se prolonge. Pour la technique comme pour l'esprit, les Natan font reculer le cinéma français jusqu'aux balbutiements de son premier âge. Ils travaillent comme personne à l'abrutissement de notre public. Les rares films français qui sauvent l'honneur sont faits loin de leur formidable usine à bourdes. Ils résistent difficilement à la concurrence écrasante de l'idiotie qui envahit tout, qui est soutenue par une publicité inouïe, qui encombre obligatoirement des centaines de salles. Pendant les cinq années du règne absolu des Natan, les deux hommes qui sont de très loin nos deux meilleurs metteurs en scène, qui sont célèbres de la Russie jusqu'à la Californie, Jacques Feyder et René Clair, ne peuvent trouver à tourner que pour le compte de l'étranger.

TECHNIQUE DU « SIPHONAGE »

Le spectateur qui n'a d'autre élément d'enquête que les films qu'une maison lui montre, a déjà jugé, à la qualité de leur marchandise, l'abjection des Natan. L'homme d'affaires, qui connaît les secrets des Conseils d'Administration et de la finance interlope, traduit en chiffres ce dégoût instinctif.

Les escroqueries de Bernard Natan ont été si nombreuses, si bien emmêlées entre elles que des experts comptables et des juristes à tous crins ont dû passer des mois de labeur sur les pièces à conviction pour en débrouiller à peu près les fils. C'est assez dire que nous n'avons point à entrer ici dans les détails de la « technique » de ce Juif, ce qui imposerait au lecteur un étrange travail.

Contentons-nous des grandes lignes. L'escroc est devenu le maître d'une société riche de plus de trois cents millions, répartis entre une foule d'actionnaires. Cela ne se vole pas comme une montre. Pour y parvenir, un des procédés favoris de l'escroc, exécuté avec toutes les variantes possibles, sera celui du siphonage.

✚

Le siphonage consiste à créer autour de la société-mère Pathé une série de filiales — on en comptera plus de trente — à peu près ou totalement irréelles qui absorbent les richesses de cette société-mère, qui sont destinées à justifier les fuites constantes de capitaux dont s'engraissent Natan et ses complices.

Le plus fameux des siphonages a été celui de l'affaire Cerf-Johannidès, perpétrée dès 1931, et qui devait déterminer l'arrestation de Natan... Sept ans plus tard.

Pathé, en cédant la main au Juif, lui a laissé, entre autres richesses, l'appareillage de Pathé-Rural, destiné à la projection des films de format réduit dans les campagnes.

L'appareil est muet. Il s'agit de le transformer en sonore. Un ingénieur français, M. Charlin, sur l'invitation de Natan, imagine ce dispositif, construit un appareil-maquette qui est agréé. Mais en même temps, Natan fait constituer par son compère le Juif Jean-Simon Cerf et par un homme de paille, le Grec Johannidès, une société fictive, la S.E.B.A.G.I., société pour l'exploitation des brevets A.G.I. Johannidès a recopié trait pour trait les plans et dessins que M. Charlin avait remis en toute confiance à Natan. Les fameux brevets A.G.I. ont été pris sur ce vol.

Johannidès présente, dans une conférence publique, un appareil grossier, construit d'après ces brevets. L'ingénieur Charlin, informé, et qui n'a pas encore touché un sou sur son invention, s'étonne. Natan lui répond qu'il s'agit d'un brevet antérieur au sien, et qu'il n'y peut rien. Le goye Charlin en est pour ses frais d'études. Cependant, la maison Pathé a mis en service plusieurs des appareils conçus par lui.

Le siphonage va alors fonctionner. La S.E.B.A.G.I. de Cerf et Johannidès, prétextant de l'antériorité de son brevet, attaque en contrefaçon Pathé-Natan et lui demande de gros dommages et intérêts.

Natan annonce qu'il va arranger l'affaire à l'amiable. Les caisses de Pathé versent une indemnité forfaitaire de sept millions à la S.E.B.A.G.I. Le faussaire Johannidès, qui joue simplement les « utilités » dans cette combinaison, touche les sept millions, prélève 250.000 francs pour salaire de ses services. Cerf et Natan se partagent le gros du magot.

C'est sur cette escroquerie que Natan et ses acolytes ont été condamnés. Ce n'est cependant qu'une bagatelle auprès de beaucoup d'autres coups de siphon, combien plus énergiques, donnés dans l'actif de Pathé. L'une des plus grosses de ces ponctions est sans doute celle de la Société de Gérance des Cinémas Pathé, créée dès 1929 par Natan, au capital de un million. Sur ce million, 250.000 francs seulement sont versés. Encore les souscripteurs sont-ils fictifs, des prête-noms choisis parmi les employés de Natan. La somme provient, comme de juste, des fonds de la société Pathé-Natan.

Or, la Société de Gérance est à peine née que ses actions sont rachetées par Pathé-Nathan au prix de seize millions dont les actionnaires font à nouveau les frais, et qui vont, pour la plupart, se noyer dans les finances personnelles de M. Natan.

La Société de Gérance ne bornera du reste pas à cela ses manifestations. Après son « rachat », elle sera le paravent d'une série de siphonnes dont Cerf est encore l'un des exécuteurs et portant pour le moins sur cinquante millions.

Autre épisode de ces brigandages ressortissant cette fois au pot-de-vin pur et simple.

Bernard Natan a trouvé dans le portefeuille de Pathé 49% des titres de la maison Kodak-Pathé, le surplus appartenant à Eastman-Kodak, de Rochester, dans les Etats-Unis.

Natan décide de vendre les titres aux Américains qui lui en offrent trente-quatre millions. Natan accepte, mais réclame pour lui une commission de quatre millions ! Les acheteurs, en l'occurrence les directeurs des succursales Kodak de Paris et de Londres, poussent les hauts cris, refusent formellement de se prêter à une semblable transaction. Natan rentre alors dans sa coquille, s'en tient aux trente-quatre millions. Mais aussitôt il fait ouvrir par ses bureaux de Pathé un compte spécial, en deux chapitres :

Vente des titres Kodak : trente-quatre millions.
A retenir : commission Antonio Castro : quatre millions.

Interrogé sur l'identité et le rôle de cet Antonio Castro, Natan réplique que c'est l'intermédiaire qui s'est abouché avec Eastman-Kodak à Paris et à Londres. Or, ni à Paris ni à Londres Eastman-Kodak ne connaît de Castro. Natan concède alors qu'il a commis un petit mensonge, que Castro a été en rapport avec les Américains de Rochester, très durs à manier. On ne connaît pas davantage de Castro à Rochester.

Cependant, les magistrats qui instruisirent l'affaire Natan ont découvert l'existence d'un Castro, retiré aujourd'hui dans la République de Costa-Rica, après avoir été deux mois, fin 1931, en relations suivies avec Bernard Natan et qui a déclaré avoir reçu de lui les quatre millions. Les deux filous s'étaient partagés le chapitre de la commission. Il n'a jamais été possible de savoir ce que Natan s'alloua.

On a beaucoup parlé aussi de l'histoire des Ciné-Romans, imbroglio sur lequel les enquêteurs n'ont pas fait toute la lumière, parce que Natan y eut pour agents et complices Bauer et Marchal, banquiers de la presse radicalo-maçonnique. Ce qu'on n'a pu toutefois céder, c'est que l'opération de Ciné-Romans se chiffra, pour les actionnaires de Pathé-Natan, par une perte sèche de dix-neuf millions et demi.

A une pareille cadence, les 392 millions de l'actif initial ne pouvaient pas durer très longtemps. Insatiable, Natan parvint à faire procéder, en prétextant l'extension croissante des affaires, à des augmentations de capital de la Société Pathé qui atteignirent plus de 250 millions, tous engloutis à tour de rôle.

Il faut encore compter que, sitôt l'arrivée de Natan, les actionnaires de Pathé ne devaient plus voir un centime de dividendes. D'après le chiffre d'affaires officiel déclaré pendant six ans par la maison, c'est une autre volatilisation de 125 millions.

La première estimation publiée des détournements de Natan, à la fin de 1934, atteignait un total de 769 millions.

Les évaluations de l'escroquerie entière ont varié entre 800 millions et un milliard.

De pareils brigandages n'avaient pu rester longtemps inaperçus. Les premières plaintes déposées contre Natan chez le juge Ledoux datent début de 1931, un an et quelques mois après l'entrée du Juif chez Pathé. Que Natan ait eu ensuite près de huit années d'impunité pour quintupler ses énormes forfaits, cela suffirait à juger un système social, financier, juridique, les lois et le personnel d'un régime.

Natan avait admirablement su, comme je l'ai indiqué, prendre ses précautions politiques, approcher, compromettre, corrompre les hommes qu'il lui fallait. Il est évidemment surprenant et odieux que grâce à eux, de 1929 à 1938, des milliers d'actionnaires se soient trouvés désarmés devant un des plus cyniques pirates qui s'abattirent jamais sur notre pays. Mais Natan, comme la plupart des grands rapaces de finances, devait pressentir à merveille la psychologie des actionnaires, savoir combien ces majorités dispersées ou moutonnières, dépaysées dans ces frimes que l'on appelle les assemblées générales, pèsent peu devant la volonté de quelques gaillards déterminés, adroits bonimenteurs et sans la moindre vergogne. On comprend le succès de Natan dans la confrérie radicale. Cet homme avait dans la peau le maniement des foules démocratiques.

J'ai entendu moi-même à diverses reprises de petits porteurs des vieilles actions Pathé qui soupiraient aux alentours de 1933, après le temps des « beaux dividendes » : « C'est pourtant une valeur tout ce qu'il y a de solide. Je l'avais achetée trois cents. J'aurais pu la revendre à huit cents. Que voulez-vous ! C'est cette crise générale. Il faut savoir attendre. Quand on a un portefeuille bien constitué, c'est moins grave. Heureusement que je n'ai pas trop besoin de mes capitaux. »

Il y eut certainement préméditation chez Bernard Natan qui, sitôt installé chez Pathé amorça le mécanisme de ses plus grandes escroqueries. Ce dévoreur de millions était un petit homme malingre, vêtu à la diable, méfiant, n'apparaissant qu'à contrecœur dans les cérémonies officielles, les fêtes qu'il organisait pour soutenir son renom, n'ayant ni vice coûteux ni maîtresse brillante, tout le contraire d'un Stavisky. Il faisait porter sa pompe par son frère Émile, qui entretenait des vedettes sur un grand pied, par son ami Cerf, le faisan avantageux, turf man à écurie, gros joueur de tous les casinos, bref, vrai prince du Paris de l'entre-deux guerres.

Bernard Natan vivait très retiré dans son hôtel de la rue Caulaincourt, son château de Frileuse, ou l'une ou l'autre de ses magnifiques villas. Ce luxe immobilier explique au moins plusieurs dizaines de millions de son passif. Il aimait jouer les dictateurs graves et laconiques dans son immense bureau de la rue Francœur, dont il ouvrait lui-même les portes par un bouton placé près de son téléphone. Ces portes, deux panneaux coulissants, se refermaient sans laisser voir la moindre rainure, derrière le visiteur qui se sentait comme pris dans un énorme piège.

Il est certain que Natan dilapida une forte part du trésor de Pathé à soudoyer une bande innombrable de complices, d'entremetteurs, d'agents, de protecteurs, à camoufler ses délits les plus voyants, à boucher provisoirement les trous qu'il creusait. C'est à peu près le sort de tous les grands escrocs. Il serait curieux d'établir un calcul approximatif de ce que leurs vols purent leur rapporter. On verrait peut-être que tout en étant responsables de ruines gigantesques, ils « travaillaient » en somme à vingt ou trente du cent.

Il faut aussi penser au gaspillage inouï, sous toutes les formes concevables, que pouvait entraîner dans une vaste firme la présence d'un administrateur, si l'on peut dire, tel que Bernard Natan, avec les méthodes de gestion dont j'ai donné un aperçu. L'histoire Natan-Tanenzaft se ramène ainsi au type classique des grandes déprédations juives, tenant à la fois du banditisme et de la gabegie la plus stupide ; les krachs des frères Ciprut, des frères Barmat, de Parvus-Halphand dans l'Allemagne de l'après-guerre, le krach Lœwenstein en Belgique, le krach Mendelsohn en Hollande, chez nous le scandale Stavisky, le sac de l'aéronautique par les Paul-Louis Weiller et les Bloch, tout notre inoubliable Front Populaire enfin, sans oublier les rêveries financières de Léon Blum et sa déconfiture.

Car chez le solitaire Natan, il y avait sans doute aussi du mégalomane et comme chez tous les Juifs cette part de chimères mêlées aux penchants irrésistibles de la race pour la tromperie et le vol qui précipitent finalement leur ruine. Natan peut bien s'être imaginé qu'il prolongerait, étendrait indéfiniment ses fictions, ses tours de passe-passe, que tout ce mécanisme de sociétés fantômes, de cavalerie, de contrefaçons formait réellement ce qu'on appelle une grande industrie. Cette tête juive ne pouvait vraiment pas avoir d'une entreprise une autre conception.

Mais je me suis déjà trop attardé avec Natan pour supputer encore ses états de conscience. De nouvelles tribus frappent à ma porte, pressées d'entrer en scène. Ce sont les Juifs d'Allemagne, qui devaient, chez nous, à partir de la fin de 1933, se substituer à Natan, dès cette époque pratiquement au bout de ses exploits cinématographiques, et ne relevant plus que d'une justice, hélas ! Paralytique.

FIG. 3

Naftout Tanenzaft, dit Bernard Natan

En 1934, éclatait le scandale Stavisky qui voulait truster le théâtre et la presse. Quatre ans plus tard, c'est le scandale Natan, trusteur du cinéma, scandale qui, sans doute, dépassera le précédent...

Détective n° 532 du 5 janvier 1939.

CHAPITRE III

LA GRANDE INVASION

Dès le lendemain de l'armistice de 1918, le cinéma allemand, jusque-là sommaire, s'était reconstitué sur un très grand pied. Il bénéficiait de concours financiers fort sérieux, celui des Krupp par exemple, ou celui d'Hugo Stinnes. Dans l'esprit de ces magnats, plus intelligents que les nôtres, il s'agissait surtout de donner à la propagande nationale un instrument de choix, et doué sur le public populaire d'un pouvoir immédiat.

L'appât d'un tel capital devait attirer une multitude de Juifs. Le monde des arts, du spectacle, de la Bourse était alors bien davantage enjuivé en Allemagne qu'à Paris. Ajoutons-y le tohu-bohu de guerres et de révolutions qui venait de secouer le centre et l'Orient de l'Europe, réceptacle de la plus dense juiverie du monde, mettant sur les chemins des milliers de Juifs apeurés par le fracas des armes ou sentant l'heure venue de tenter hors des ghettos leur chance, à la faveur de ce grand dérangement.

Tous ces Achkénazims du Mittel Europa, jargonnant l'allemand effroyablement abâtardi de leur yddish ne songeaient pas encore au grand exode vers l'Ouest. Ils n'en avaient aucun désir. Berlin ou Vienne étaient pour eux des étapes naturelles, ils y trouvaient des colonies hébraïques déjà très fortes dans la place. La plupart détestaient cordialement la France et s'adonnaient avec ardeur à la propagande antifrançaise. La

France leur apparaissait rétrograde, trop quiète et trop unie. Les remous, de l'Allemagne aux prises avec toutes les cruautés de la défaite offraient des perspectives autrement alléchantes. Les Juifs s'abattent toujours sur les pays malheureux, comme la vermine qui prospère sur les corps débilités et s'ajoute à leurs souffrances.

A la faveur de l'inflation, des désordres sociaux, des complicités de la république weimarienne, où dominaient les marxistes et les catholiques dégénérés du Centrum, les Juifs avaient pris en Allemagne une place de vainqueurs, avec l'outrecuidance et l'avidité qui leur sont coutumières. Le cinéma était devenu un de leurs domaines de prédilection.

Les *Cahiers Juifs*, revue du judaïsme international, de septembre 1933, s'enorgueillissaient de consacrer quatre grandes pages rien qu'à l'énumération des producteurs et metteurs en scène Juifs de l'Allemagne d'avant Hitler : Paul Leni, Zelnik, Curt Bernhardt, Robert Siodmak, Joë May, Max Neufeld, Max Ophüls, Wilhelm Thiele, Eugen Thiele, E.-A. Dupont, Ludwig

Berger, Karl Grune, Hans Behrendt, Kortner, Meinert, Manfred Noa, Erich Engel, Kosterlitz, Hans Schwarz, Max Reichmann, Max Schach, A. Robinson, Erich Charell, Robert Land, Willy Wolff, Robert Wiene, Richard Oswald, etc., etc. Les *Cahiers Juifs* déclarent qu'une étude de l'activité industrielle des Juifs dans le cinéma allemand dépasserait leur cadre, ce qui leur permet de tendre un voile sur d'assez fâcheux souvenirs laissés par cette activité. Mais ils rappellent que toutes les grandes sociétés cinématographiques d'Allemagne, l'Aafa, l'Alliance, la Nero, D.L.S., Süd-film, Superfilm, l'Emelka étaient entre les mains des Juifs. Les Juifs n'avaient pas tardé à s'infiltrer jusque dans la puissante U.F.A. Et à y prendre les postes de commandement. Le dénommé Erich Pommer, qui débuta en Roumanie pendant la guerre dans d'inquiétants fricotages, devenait membre du Conseil d'Administration de la U.F.A., puis chef de sa production, c'est-à-dire, en fait, le plus gros potentat de tout le cinéma allemand.

✠

Quelques-uns de ces Juifs ont attaché leur nom à des films mémorables, certaines bandes de la période expressionniste, et surtout Variétés de E.-A. Dupont, que personne n'a oublié, même pas en Allemagne. Tout récemment, dans les *Trois Codonas*, ouvrage de la nouvelle Tobis aryenne, on projeta pieusement plusieurs images de ce chef-d'œuvre de réalisme.

On répète qu'il serait ridicule de vouloir dénier aux Juifs tout talent. Tout antisémite qui a le goût de l'art regrettera toujours d'être contraint de jeter l'exclusive sur tel Juif dont les dons sont incontestables. Mais le véritable artiste Juif ne manque jamais de frayer le chemin à des centaines de sordides coreligionnaires, qui n'ont d'autres desseins que de supplanter le goye. Enfin, les Juifs les plus doués sont presque infailliblement les plus redoutables militants de leur race. Dans Baruch et dans Les deux mondes, E.-A. Dupont, puisqu'on parle de lui, a été un propagateur assidu des revendications fielleuses d'Israël et de sa soif de puissance.

Il faut surtout rappeler que la plupart des célébrités du cinéma Juif de Berlin ont été effrontément usurpées. Que de fois n'a-t-on pas entendu dire : « C'est le meilleur film de Pommer » ? Or, Erich Pommer ne fut jamais qu'un intermédiaire adroit, jonglant avec des budgets colossaux, et qui eût été fort incapable de régler sur un plateau la moindre scène à deux personnages. A Berlin comme à Hollywood, le génie Juif fut avant tout l'exploitation habile des qualités d'une foule de chrétiens.

De 1920 à 1930, les Français prirent volontiers pour l'expression d'un âpre et fumeux romantisme germanique maints ouvrages qui étaient en réalité marqués de l'esthétisme putrescent des Juifs, chargés de leur virus anarchique. Après l'avènement du sonore, après tant de films distillant la haine marxiste ou l'utopie démagogique, ou encore une morbide sexualité à travers leur atmosphère bourbeuse, c'était le faux luxe du mercantilisme Juif, son clinquant de palace international, qui s'emparait des écrans allemands. Après l'esthète, le plus vulgaire marchand. Dans l'un et l'autre cas, l'Allemagne pouvait dire à bon droit que le Juif travestissait son visage et sa pensée.

D'autre part, l'armature financière vraiment solide du

cinéma allemand avait pu résister plus ou moins pendant une dizaine d'années aux déprédations des Juifs. Mais à partir de 1930, sous l'action de ces termites, le majestueux édifice chancelait. Les faillites, les fuites inexplicables de capitaux s'y multipliaient. La gestion du fameux Pommer offrait un écheveau de fripouilleries qu'il devenait de plus en plus difficile de farder avec des apparences de légalité.

Le cinéma Juif était inscrit en tête du programme national-socialiste d'épuration. L'arrivée de Hitler au pouvoir, dans l'hiver de 1933, signait sa condamnation.

DES LOGES AU STUDIO

Quelques semaines plus tard, on voyait débarquer à la gare de l'Est une cohue d'individus chafouins, crochus, crépus, au teint brouillé, verdâtres ou bouffis d'une mauvaise graisse jaune, des gueules d'émeute et de crime telles qu'on en voyait autour du tortionnaire Bela Kun, les bohèmes aux oripeaux criards et prétentieux voisinant des seigneurs en pelisses. L'avant-garde de l'émigration judéo-allemande débarquait : les Juifs les plus tarés, les plus pernicieux, aux casiers judiciaires Tes plus lourdement chargés, au passé politique le plus inquiétant, écumeurs de Bourse, pillards, provocateurs, agitateurs, proxénètes, marchands de pédérastes, de putains et de drogues. Le cinéma berlinois y figurait au complet.

La grande presse parisienne, avec son intelligence habituelle, saluait d'enthousiasme ces illustres voyageurs.

La première visite de nos hôtes était pour la Ligue des Droits de l'Homme, le Grand Orient de la rue Cadet. Ils assiégeaient en files interminables les portes de ces temples. Les secrétaires surmenés leur remettaient les sésames attendus. Cela paraissait aller de soi. Les Juifs accouraient là comme à leur consulat en terre étrangère. Ceci fait, tout devenait facile. Comment eût-on refusé à ces touchantes victimes des papiers de police quand on venait d'obtenir la vingtième remise des poursuites de Stavisky ?

✠

Deux mois après, M. Robert Siodmak tournait sur le Champ de Mars les extérieurs de sa première comédie parisienne, Le Sexe Faible, d'après Édouard Bourdet.

J'avais eu la faveur d'assister à cette séance. Du directeur, de la production jusqu'à la script-girl, l'état-major tout entier qui s'agitait autour de la camera était Juif. Ils étaient là vingt-cinq ou trente, allant, venant, gesticulant, s'égosillant, menant dans leur affreux allemand des palabres interminables, absolument semblables aux youtres à cadenettes qui se revendent entre eux une peau de lapin, au fond d'une sentine de Cracovie ou de Lemberg.

Sous les arbres, un solitaire faisait les cent pas. Comme je m'étais enquis discrètement de son rôle : « Vous le voyez, me dit-il, je suis le Français, l'unique Français et chrétien de cette bande, assistant sans besogne, puisque je ne comprends pas un traître mot de leur charabia... »

Je ne cachai pas à ce témoin mon extrême répugnance pour les intrus et mon vif désir de les voir évincés au plus vite du cinéma, ce qui ne devait pas être si difficile, si l'on en avait un peu la volonté.

Mon interlocuteur secouait la tête d'un air fort désabusé : « Si vous pouvez attendre, me répondit-il, vous serez sans doute le témoin d'une petite scène édifiante. »

Un de nos cinéastes, en effet, n'avait même pas la carte de travail rigoureusement exigée de tous les chrétiens et que l'on distribuait pourtant si complaisamment à ces métèques, sur l'injonction de la Ligue des Droits de l'Homme ou de l'une quelconque des quatre cents associations juives de Paris. Les artisans français, indignés d'un tel passe-droit, avaient alerté la police. Deux inspecteurs, flanqués d'agents, firent bientôt leur apparition. Ils semblaient fort mal à l'aise. Le délinquant, lui, une espèce de rouquin, le prenait de très haut, le chapeau sur l'œil, ricanant, haussant les épaules, lançant dans son patois quelque effronterie aux gardiens de la loi et leur tournant le dos pour aller manipuler un appareil. Au bout d'une demi-heure de ce manège, comme les policiers tentaient une timide offensive, le « maître » Siodmak, avec une bonhomie autoritaire, les prit à l'écart et leur tint un petit discours confidentiel. Au terme duquel les deux émissaires de la Tour Pointue tirèrent courtoisement leur chapeau à tout le monde et s'esquivèrent sur la pointe des pieds.

Le rouquin ne daigna même pas prendre garde à leur fuite. Qu'était-ce que la curiosité de deux flics malhabiles quand cent vénérables et dix consistoires prêts à abattre s'il le fallait un préfet de police, se portaient garants du cher exilé ?

CRÉPUSCULES

Le grand arrivage hébraïque d'Outre-Rhin devait avoir pour conséquence assez imprévue l'éclipse rapide de plusieurs de nos premiers Juifs.

Il s'agit là de rivalités de tribu à tribu, de querelles d'affaires au sein de la grande Internationale qui sont à peu près indéchiffrables aux goym.

Quoi qu'il en soit, l'astre qui rayonne sur les écrans autour du nom de M. Osso pâlit puis bientôt s'éteint. Les Français du cinéma sont en général indulgents à ce Juif russe. Donnons-lui acte avec eux que s'il a dilapidé follement une énorme fortune, son propre argent y a passé aussi, et qu'il se flatte, à bon droit paraît-il, d'avoir payé le plus gros de ses dettes. Il s'en faut du reste de tout que ce nabab soit réduit au grabat et à l'eau claire. Il a déchu de plusieurs degrés, mais les inextricables ramifications de l'industrie cinématographique lui proposeront encore de fructueuses activités.

Le nom du sieur Jacques Haïk tombe du fronton de ses palaces, et le petit Tunisien retourne à de sombres tripotages, non sans s'indigner vertueusement contre les « métèques » qui sont arrivés pour « gâcher le métier ». L'estimable Braunberger va faire une faillite frauduleuse d'une quarantaine de millions.

Pour Bernard Natan aussi, l'heure du déclin approche. C'est la pente savonneuse où les grands bandits de finance finissent toujours par glisser. Mais un escroc de cette envergure vraiment balzacienne ne s'effondre pas sans s'agripper furieusement. Il se débat dans le filet chaque jour plus complexe de ses vols et de ses fraudes. A chaque enveloppe, il achète plus cher ses honteuses complicités. Par bribes, le scandale de ses déprédations court tout Paris. Des journaux ont accusé. On cite des chiffres fabuleux, on parle des plaintes qui s'accumulent au Parquet. Le gouffre creusé par les centaines de millions que Natan a déjà dévorés s'élargit à vue d'œil autour de lui. Le moment est venu pour le Juif de la grande esbrouffe. Il vient de mettre son nom sur une nouvelle salle des Champs. Elysées, le Marignan, dernier cri du luxe, une canaillerie de plus, après cent autres, qui coûte par exemple quatre millions deux cent mille francs aux benoîts actionnaires pour « frais d'établissement de bail » ! Dans ce cadre somptueux, il va donner un gala monstre, une fête dont chacun sortira éberlué.

Je me rappelle bien cette soirée célèbre, dans la première semaine de février 1934. L'affaire Stavisky s'étendait d'heure en heure. Sur les boulevards, les huées de la foule ne s'apaisaient plus. On se passait à la porte, avec de grands éclats de voix, les dernières nouvelles : le départ de Jean Chiappe, l'affolement de Daladier, l'extravagante promotion d'un policier maçonnique à la tête du Théâtre-Français. La fièvre de l'émeute, l'odeur de la boue remuée gagnaient toute la salle où défilaient sur l'écran les images des Misérables, d'autres barricades, d'autres fusillades, la démagogie cent ans plus tôt et déjà aussi imbécile et criminelle, s'installant dans la sottise et dans le sang.

A l'entr'acte, on se montrait les illustrations de la fête : Henry Bernstein et sa femelle Eve Curie, les Herzog-Maurois, une dizaine de Rothschild, la Faucigny-Lucinge, née Ephrussi, le vieux Tristan Bernard et le jeune Jean Zay, les députés, les sénateurs, les Loges, la banque, l'armée, l'Académie, les grands patrons de bordels et les princes du sang, les repus du Comité des Forges et les prébendiers cégétistes, les concussionnaires, les prévaricateurs, les putains les plus emperlées, les plus fameux pédérastes, et tout seul, présenté au beau monde parmi des plantes vertes, son gibus sur le ventre, M. Albert Lebrun.

On se montrait aussi du doigt les deux Natan, tapis le long d'une porte, l'œil aux aguets, l'échine frémissante, comme si les gardes républicains en uniforme de parade avaient été requis pour leur passer les menottes : Natan le petit, M. Emile, directeur artistique, — lui aussi est comme Saint-Granier — qui se trouvait être un long dépendeur d'andouilles, l'orchidée à la boutonnière, avec des prétentions à un chic de cercleux, et Natan le grand, Bernard, tout petit youtre au museau de chacal, blotti derrière l'autre dans son habit fripé.

Ce scandale Juif grondant au dehors, au dedans cet autre scandale Juif achevant de mûrir, cette foule étincelante et pourrie, ce ghetto couvert de diamants, ces chrétiens sans cervelle se frottant voluptueusement à l'or judaïque, ces deux voleurs traqués, mais se donnant une nuit encore la cynique jouissance de faire défiler devant eux ces pantins, quel beau raccourci de tout un temps et de tout un régime !

L'indignité des deux Natan ne faisait plus l'ombre d'un doute pour quiconque. Il n'y eut peut-être pas dix mains pour serrer les leurs ce soir-là. A trois pas d'eux, en les détaillant des pieds à la tête, on se racontait leur dernier coup. Mais on s'était battu aux portes de leurs bureaux pour se faire inviter. Le dernier mètre des interminables *Misérables* passait parmi quelques applaudissements dérisoires. Mais aux étages supérieurs du building, un souper de 2.000 couverts était dressé : marennes, foie gras, caviar, gibiers, truites en gelée et pour chaque coupe un magnum de brut impérial. Un orchestre jouait à chaque coin des salles. Le festin seul coûtait au bas mot un million. La foule se rua là-dessus comme à la curée.

A l'aube, on débouchait toujours le champagne des Juifs, en essayant de refaire, d'une langue un peu pâteuse, le compte exact de leurs vols.

Natan, rude joueur, se défendra encore pied à pied. Il fera le voyage d'Hollywood « prestige et défense du cinéma français, collaboration franco-américaine » — où il sera du reste reçu très fraîchement. Il organisera les « journées nationales du cinéma français ». Mais il a trop à faire à reculer jour par jour l'échéance inévitable pour songer encore à des budgets de films. Dès l'année 1934, la firme Pathé-Natan est hors de course et sa production approche de zéro. On attendra bientôt de mois en mois sa faillite, qui sera prononcée finalement en 1936.

La Gaumont Franco-Film Aubert, l'autre grande maison de Paris, n'est pas en meilleure posture. Les aryens y dominent, mais de quel acabit ! C'est la banqueroute politicienne et maçonnique, en digne pendant à la banqueroute d'Israël.

LA LIE DES GHETTOS EST POUR NOUS

Les gros producteurs, malgré leur matériel, malgré les fortunes brassées dans leurs caisses, avaient honteusement trahi la cause du cinéma français, tout en obstruant de leur masse son horizon.

Nous étions quelques-uns, depuis un bon bout de temps, à souhaiter sans remords la ruine complète du cinéma que l'on faisait chez nous. C'était en effet la condition nécessaire de son assainissement et de sa renaissance. La déconfiture de Pathé-Natan et de Gaumont aurait donc dû favoriser nos espoirs. Quelques-uns imaginaient déjà un retour à ces efforts indépendants d'où sont toujours sortis chez nous, et souvent ailleurs, les plus intéressants ouvrages du cinéma.

Les « indépendants » étaient bien là, à pied d'œuvre, mais quels indépendants !

Quelques zozos distingués, snobs du pro-judaïsme, se félicitaient très haut de voir débarquer chez nous ces astres du septième art, ces géniales victimes de l'ignorance et de la barbarie nazies. Ils remerciaient M. Hitler de nous avoir fait un aussi magnifique cadeau. Grâce à ces exilés, nous allions rallumer chez nous le flambeau de la beauté et de l'intelligence, éteint par la stupidité raciale des Allemands.

C'était d'abord présumer beaucoup de la gratitude de nos illustres voyageurs.

J'avais pu m'entretenir avec le plus fameux de tous, M. Erich Pommer, peu après qu'on lui eût ouvert notre frontière, en lui dépêchant, je suppose, une escorte d'honneur. Je me trouvai devant un Juif du type glaireux, qui ne prit aucun détour pour me déclarer le mépris extrême où il tenait la France et ses gens. Non, M. Pommer ne ferait pas long feu dans un pays aussi miteux, aussi piètrement équipé. M. Pommer ne s'intéressait pas aux nations de troisième zone. Les deniers du cinéma français étaient beaucoup trop modestes pour retenir son attention. Après avoir touché tout juste du bout du pied le pavé parisien, M. Pommer allait franchir la Manche au plus tôt.

En effet, si quelques Juifs un peu moins malotrus que M. Erich Pommer condescendaient à quelques manifestations de politesse pour notre pays, notre franc ne leur inspirait qu'une confiance des plus limitées. Natan, avec ses puissants *« siphonages »* les avait aussi un peu trop bien devancés. Le marché ouvert à notre cinéma leur paraissait enfin dérisoirement petit après les cent vingt millions de clients de la Mittel-Europa.

Par contre, l'Angleterre offrait un terrain immense et tout neuf. Elle n'avait pour ainsi dire jamais eu de cinéma. A l'instigation des Juifs de la City, les Lloyds de Londres venaient de tirer de leurs réserves un fabuleux paquet de livres sterling, destinées au lancement d'une industrie britannique de l'écran qui aiderait au boycottage des films de l'Allemagne hitlérienne.

Les émigrés Juifs les plus astucieux et les plus présentables louchaient avec une extrême concupiscence vers ce Pactole, le plus opulent que l'on eût encore vu dans le cinéma européen. Les plus gros brasseurs de la bande, Pommer, le judéo-hongrois Korda qui avait fait quelques rapides essais chez nous, allaient planter leurs tentes à Londres, accompagnés des plus fameux acteurs Juifs : Conrad Veidt, Élisabeth Bergner. Peter Lorre, cet effrayant Juif des Karpathes à tête de hibou qui avait été si saisissant dans le grand film de Fritz Lang, *M. (Le Maudit)* prenait le bateau pour l'Amérique où il allait devenir détective japonais ! et remplacer sous le nom de M. Moto feu Charlie Chan, pseudo-chinois né en Suède, dans une longue série de films policiers. Les meilleurs metteurs en scène, le demi-Juif Fritz Lang, Erich Charell, auteur de *Le Congrès s'amuse* (ce fut lui du moins qui le disait) ne faisaient que passer et couraient à Hollywood. Max Reinhardt, Napoléon de la mise en scène selon les rabatteurs Juifs de la foire de Salzbourg, gagnait lui aussi la Californie, mais à petites étapes, Comme écrasé par le poids de son génie. Léontine Sagan, auteur supposé d'une œuvre vraiment admirable, *Jeunes Filles en uniforme*, allait en tourner un pendant anglais à Oxford.

Nous aurions eu grand tort de les regretter. A l'exception de Fritz Lang, né d'une mère chrétienne et chez qui peut-être, après tout, l'hérédité juive ne domine pas, ces Juifs précédés d'une renommée plus fracassante que toutes les trompettes de Jéricho devaient, sitôt séparés de leurs anciennes équipes de collaborateurs, faire un complet fiasco. Pommer produisait des espèces de tartines pseudo historiques d'un ennui définitif, Léontine Sagan un feuilleton blafard. L'imagination tant célébrée de Charell se révélait en Amérique plate comme un pied de rabbin. Quant au seigneur Reinhardt, Hollywood, après cinq ans, n'est pas encore revenu de son *Songe d'une nuit d'été*, contrefaçon de Shakespeare en carton pâte d'une vulgarité et d'une sottise si monstrueuses que les Yankees du Far-West eux-mêmes en ont eu un haut le cœur. Pour ces kilomètres de pellicule invendable, Reinhardt avait au surplus creusé dans le budget de la Métro-Goldwin une telle brèche que son seul nom fait fuir depuis comme la peste noire tous les financiers de la Californie.

Avant d'être éclairés par ces révélations, nous aurions pu de bonne foi accueillir chez nous ces Juifs illustres au nom des droits de l'esprit. Mais tout ce qui possédait à tort ou à raison une réputation assise parmi l'émigration du cinéma, n'avait que dédain pour nous.

Ce qui se fixait à Paris, c'était donc essentiellement la pire racaille, des filous de bas étage, des fricoteurs à la petite semaine, dont leurs coreligionnaires d'une certaine surface eux-mêmes s'écartaient.

La bande de Londres, pour être plus huppée, n'en nettoyait pas moins le trésor des Lloyds avec une maîtrise de frères de la côte naufrageant un bateau plein d'or. En moins d'une année, les Juifs créaient et détruisaient dans la capitale anglaise PLUS DE QUATRE CENTS SOCIÉTÉS DE CINÉMA, engloutissant un capital représentant plusieurs milliards de francs pour terminer au plus deux douzaines de films, absolument informes, à l'exception du Juif Süss, relevé par le talent indiscutable de Conrad Veidt.

Une partie de la tribu se disperse alors, se rabattant faute de mieux sur notre sol. Cette population du cinéma parisien est d'ailleurs agitée de remous perpétuels. On y débarque nippé comme un gueux ; deux mois après .on y imprime en lettres géantes son .nom sur tous les murs ; on s'y évanouit tout à coup comme un spectre ; on détale avec une valise de carton crevé et on réapparaît soudain avec un train de rajah. A moins que ce ne soit le contraire.

Ce n'est même plus de l'envahissement. Ce sont ces migrations de sauterelles dévastatrices, qui fondent sur une terre, la ravagent et la stérilisent, puis disparaissent dans un coup de vent pour aller s'abattre plus loin.

CHAPITRE IV

UN ROYAUME D'ISRAËL

1936, 1937. — Le Front Populaire étale sa chienlit triomphante. Jusqu'au fond des plus lointaines synagogues polonaises, on chante la victoire de Blum. Tous les clans Juifs, les griffes en avant, se partagent le gâteau du pouvoir et des biens français : les ministères, la presse, la radio, l'aéronautique, les administrations, la banque, l'enseignement.

Celui du cinéma est le plus impudent. Dans le dernier congrès national Juif qui se tint à Genève, les délégués des Juifs de Pologne, cette Palestine d'Europe, faisaient, sous forme de lapalissade, cet étonnant et cynique aveu de la nécessité d'un envahissement complet des métiers :

> «... A de rares exceptions près, on peut conclure (de la statistique de l'artisanat) que moins il y a de Juifs dans un métier et plus il est facile aux non-Juifs d'y pénétrer. Plus la part des Juifs s'écarte de la proportion de trois quarts et plus s'élève le taux de nouveaux artisans non-Juifs. Plus la part des Juifs est forte dans un métier, et plus il y a de chances de défendre les positions acquises »
>
> (Publié dans La Situation économique des Juifs dans le monde, par le département économique du Congrès Juif Mondial, 1938, t. I).

Tous ceux qui connaissent l'Orient européen retrouvent dans ces mots la tactique simpliste et féroce des rabbins, chefs à peu près absolus des communautés d'Ukraine ou de Bukovine tant pour le spirituel que pour le matériel. Ils choisissent les secteurs les plus favorables, ils y installent judicieusement leurs Juifs et poussent la concurrence contre le chrétien jusqu'à obtenir son élimination totale, ou peu s'en faut. Les Juifs deviennent ainsi les maîtres absolus d'un circuit fermé, leur idéal, où ils règlent les prix au gré de leurs spéculations, où ils combinent leurs filouteries sans risques, un circuit Juif, d'où l'argent chrétien qu'ils pompent ne ressortira plus, ira grossir le trésor national d'Israël.

Lorsque la balance du nombre est renversée dans une corporation en faveur du Juif, la solidarité de la race joue à fond. Elle atteint son but, qui n'est pas de partager, mais de faire d'un métier, d'un morceau de l'économie chrétienne sa conquête complète, une nouvelle colonie du peuple élu, où les derniers «goym», s'ils veulent s'accrocher, seront réduits à végéter misérablement. Cette voracité et cet ostracisme expliquent d'ailleurs les défauts universels et séculaires des Juifs. Incapables de produire des fruits et de les dispenser à la collectivité humaine, ils ne pullulent ainsi sur les organismes chrétiens que pour en faire autant de branches mortes. Si une hache salutaire n'élague pas ce bois pourri, si la vermine n'est pas vaincue à temps, l'arbre entier y passe, entraînant dans sa chute tous ses parasites Juifs.

Après un noyautage progressif, les Juifs depuis 1933, ont acquis dans le cinéma français cette majorité qui leur permet une colonisation complète, depuis les postes de commande jusqu'aux moindres emplois, ceux-là réservés à un menu fretin de youdis dont beaucoup ne tardent pas à se pousser très vite, pour faire place à de nouveaux cousins pauvres. L'avènement de Blum achève de consacrer cette conquête. Les Juifs sont sûrs de l'amitié de tous les ministres qui les naturalisent, étouffent leurs mauvaises affaires, aident à l'arrivée de leurs nouveaux congénères. La solidarité d'Israël peut jouer à plein.

C'est le moment de nous arrêter pour contempler son chef-d'œuvre dans le détail.

DES NOMS ET DES CHIFFRES :
PRODUCTEUR ET METTEURS EN SCÈNE

En haut de l'échelle, règne M. Ben Caled, dit Delac, Juif tunisien à lorgnons et crâne pointu de négroïde, président de la Chambre Syndicale de la Cinématographie française, président de la Classe du Cinéma pour l'Exposition 1937 et commandeur de la Légion d'Honneur. Il est depuis de longues années dans la place. Il a été l'introducteur d'innombrables coreligionnaires. Par ses activités multiples et toutes ambiguës, c'est un des corrupteurs officiels du cinéma français.

A la tête de la censure, il y a depuis des années aussi le Juif Edmond Sée, vieille bête portant le grand feutre à la Marx Dormoy. Pour ce qu'on attend de lui, ce soliveau des Loges est largement suffisant. Peu importe que ses services paraissent avoir pour mission principale de maintenir la production française dans une dégradante stupidité. Leur consigne essentielle est de favoriser sous toutes ses formes la propagande marxiste, toutes les images de subversion sociale, et toutes celles aussi qui excitent la croisade belliqueuse des démocraties. L'État français ne reconnaît que pour cet objet là l'utilité et la puissance de l'écran.

La production est naturellement le domaine de choix de la juiverie cinématographique, puisque c'est là qu'on y remue le plus la finance et qu'au surplus, le producteur tient toute l'industrie entre ses mains.

Voici, pour l'année 1938, la liste fidèle des producteurs du cinéma français :

Max Glass, Grégor Rabinovitch, Weiler, Kamenka, Michel Salkind, Pierre Braunberger, Maurice Lehmann, Gargour, Bernard Natan (Tanenzaft dit), Emile Natan (Tanenzaft dit), Henri Ullmann, Simon Schiffrin, Weissmann, Schowb d'Héricourt (Schwob dit), Jacques Haïk, Nalpas, Bercholz, Diamant-Berger, Romain Pinès, Ludwig Berger, Fernand Weill, Jack Forester, Algazy, Noé Bloch, Brunn, Roger Weil, Franzose (celui-là était prédestiné !), Dr Markus, Schlosberg, Vondas, Wengeroff, Pressburger, Sokal, Simon Barztoff, Aron, Lévy-Strauss, Nebenzahl, Mila Kovsky, Loukachevitch, Deutschmeister, David, Grinkrug, Arys Nissoti, Jeff Musso, Marc Ermolieff, Misrach, Farkas, Rosenthal, Souhami, Kagansky, Aisner, Heilbronner, Hourvitch, Dantziger, Tuscherer, Schapiro, Sam Temkin, MetzgerWoog, André Aron, Lamer, Mayer-Cohen, Ragzigad, Hartwig, P. Fisher, F. Rollmer, Fademan, Richard Oswald (auteur à Berlin après la grande guerre d'une longue série de films haineusement anti-français, dont une Affaire Dreyfus qui servait aussi la cause d'Israël), Léo Fenster, Goldenberg, P. Coras, Korestsky, Kœnigfest, Krichsky, Philippe et Cahn, Davis, Lippschitz, Slim Dréga, Z. Silberberg.

On observera l'invraisemblable multiplicité des personnages pour une production qui ne dépasse pas 110 films.

En regard de cette liste de quatre-vingt-deux très authentiques Juifs, celle des producteurs français comporte exactement douze noms. Encore faut-il ajouter que ces « goym », sauf une ou deux exceptions ont tous été en combinaison avec des Juifs. Notons que cette nomenclature ne porte que sur les films terminés. Si nous avions compté toutes les faillites, toutes les affaires mises en train et abandonnées, torpillées, le nombre des producteurs Juifs eût été encore plus considérable, et atteignant sans doute 95%.

Dans la mise en scène, qui n'est pas aussi largement rémunératrice, la proportion est un peu moins forte. Cependant, pour les grands films de ce même exercice, 58 seulement ont été signés par des metteurs en scène français. Et quand, dans le cinéma, on dit étrangers, il faut entendre Juifs pour [1] la quasi totalité des cas.

Ces metteurs en scène sont Leonide Moguy, Juif russe naturalisé par les soins du ministère Blum, Robert Siodmak, Max

---

1. — *Note de mise en page* : le mot original est *pocr*

Ophüls, L. Berger, Jean-Benoît Lévy avec son assistante Marie Epstein, Anatole Litvak, qui tourne sans arrêt, Marc Sorkin, Cohen, dit Pierre Chenal, Raymond Bernard, Kurt Bernhardt, etc..., etc.

Notons que plusieurs metteurs en scène français, et non des moindres, tel Julien Duvivier, sont mariés à des Juives, et par elles tenus entre les pattes d'Israël. Quant aux autres, ils chôment. Le jeune débutant aryen, qui était parvenu deux ou trois ans auparavant à montrer son talent dans un film n'a, plus à Paris la moindre chance. Bien heureux s'il arrive, pour gagner maigrement sa vie, à dépanner quelque infâme vaudeville sur lequel une dizaine de Juifs ont déjà trafiqué.

LES EXPLOITANTS

L'exploitation est un ghetto invraisemblable. Voici, pour en donner une idée, un tableau des propriétaires de salles de Paris, à la veille de la guerre :

1er ARRONDISSEMENT.

— *Cinéma Sébastopol* ; — *Cinéma Universel*. (Deux entreprises juives.)

2e ARRONDISSEMENT.

— *Les Capucines* ; aux mains de Max Viterbo. — *L'Auto* : Némirowski. — *Le Cinéphone* : Société juive. — *Le Marivaux* : Société Siritzki.

3e ARRONDISSEMENT.

— *Le Kinerama*.

4e ARRONDISSEMENT.

— *Cinéma de l'Hôtel-de-Ville* : Goldberg & Lichtenberg.

5e ARRONDISSEMENT.

— Au *Panthéon* nous trouvons Braunberger, également connu dans la production. — *Le Cluny Palace* appartenant à la Société juive « *Les Moulins d'Or* ». — *Studio des Ursulines* (Gross).

6e ARRONDISSEMENT.

— *Cinélat*, directeur : Schpolransky. — *Le Bonaparte* : circuit Zeizig.

7ᵉ ARRONDISSEMENT.

— *Sèvres Pathé*, une des plus importantes salles de l'arrondissement, appartenant aux Juifs Sélinger & Weismann.

8ᵉ ARRONDISSEMENT.

— *L'Avenue* : Bernheim. — *Le Balzac* : Schpoliansky. — *Le Biarritz* : Siritzki. — *Paris-Soir* : Weinberg. — *Ciné Unfranc* : Natanson. — *Le Lord-Byron* : Umansky. — *Le Paris* : Umansky. *Cinéphone* : Mogoulsky.

9ᵉ ARRONDISSEMENT.

— *Les Agriculteurs* : circuit Zeizig. — *Apollo* : Hirsch. — *L'Artistic* : circuit Zeizig. — *Le Ritz* : Mogoulsky. — *Cinéphone* : Mogoulsky. — *Cinérire* : Emsellen. — *Gaîté Rochechouart* : circuit Zeizig. — *Max Linder* : circuit Siritzki. — *Olympia* : circuit Siritzki. — *Théâtre Pigalle* : Chaboub. — *Théâtre Paramount* : Chaboub.

10ᵉ ARRONDISSEMENT.

— *Boulevardia* : Lehmann. — *Ciné Saint-Martin* : Winocourt. — *Concordia* : Schwartzler. — *Strasbourg* : Nemirowsky. — *Midiminuit* : **Boubil**

11ᵉ ARRONDISSEMENT.

— *Ciné Paris-Soir*, *Excelsior* et *Imperator* appartenant à des Juifs allemands.

12ᵉ ARRONDISSEMENT.

— *Daumesnil 216* : Schleyer. — *Rambouillet* : Eisenstein. — *La Feria* : Weinberg.

13ᵉ ARRONDISSEMENT.

— *Le Clisson* : Lœw. — *Palace du Moulin* : Gringras & Katz.

14ᵉ ARRONDISSEMENT.

— *Alésia* : Wertheinmer. — *Atlantic* : Weinberg. — *Ciné Paris-Soir* : Chaboub. — *Delambre* : Chaboub. — *Maine-Pathé* : Ritman. — *Olympic* : Eseinstein. — *Pernety* : Rozenwaig. — *Splendid* : Winocourt. — *Théâtre de Montrouge* : Ritmann. — *Univers* : Stransky. — *Vanves Palace* : société juive.

15ᵉ ARRONDISSEMENT.

— *Palace du Rond-Point* : Feldstein.

16ᵉ ARRONDISSEMENT.

— *Camera* : Rotmann. — *Le Ranelagh* : Daniloff. — *Le Saint-Didier* : Nemirowsky.

17ᵉ ARRONDISSEMENT.

— *Ciné Paris-Soir.* — *Gloria* : Pinhus. — *Œil de Paris* : Landowsky. — *Studio de l'Étoile* : Tarcali.

18ᵉ ARRONDISSEMENT.

— *Cinéphone* : Mogousky. — *Ciné Vog-Pigalle* : Goldberg & Litchtenberg. — *Paris-Ciné* : Oulinann. — *Stephens* : Tompowsky. — *Cité 28* : Gross.

19ᵉ ARRONDISSEMENT.

— *Alhambra* : Siritzki. — *Palace Flandres* : Voronick. — *Riquet.* — *Rivièra* : Burnstien.

20ᵉ ARRONDISSEMENT.

— *Avron* : Kobrinas. — *Ciné Belle Vue* : Mayer Poutchicts. — *Luna* : Hirsfeld. — *Prado* : Kobrinas.

Encore cette nomenclature, quoique le plus proche possible de la vérité à mon sens est-elle très incomplète.

On n'y tient pas compte, en particulier, du circuit Pathé-Natan et de tous les Juifs qui le géraient parce que ce circuit, au moment où la liste a été dressée, était entre les mains d'un liquidateur. Il faut remarquer que la totalité des salles d'exclusivité, les plus belles, les plus importantes, appartient aux Juifs.

Dans presque toutes les villes de province, la situation est à peu près identique. Le gérant aryen masque le plus souvent un propriétaire hébraïque. Les Siritzki père et fils, outre leurs cinq salles parisiennes, toutes parmi les plus importantes, possèdent éparpillées en province plus de vingt succursales. Les noms harmonieux de Zeizig, de Chaboub rayonnent également sur tout notre territoire. Ils laissent aux Aryens les petites salles populaires, que se partagent des bistrots, des bookmakers ou des tenanciers de maisons closes.

Comme il se doit, le plus gros bonnet de ce ghetto est un M. Weill, président de la Chambre Syndicale des directeurs de cinéma, honneur qui lui échoit pour le récompenser sans doute d'avoir été l'un des plus brillants pillards de la firme Pathé-Natan.

... ET TOUS LES AUTRES

Pour caser tous les gendres, neveux, cousins, voisins de nos Zeizig et de nos Franzose, il n'y a plus assez de places dans notre cinéma.

Les exportateurs de films se nomment Marc Laemmlé, Geiger, Agrest, Silberberg, Krikorian, Kœnigfest, Léo Cohen, Naas, Levitan, Wittstein, Dittisheim, Geissmann, Bercholz, Silberberg, Wengerhof. On admirera dans quelles mains est remis le soin de faire briller le film français à l'étranger !

Les producteurs se doublent de ces directeurs de production, qui se nomment Michel Bernheim, Metzger Koustoff, Hetch, Roger Woog, Geftman, Lowenberg, entre cent autres.

Les distributeurs de films sont Rollmer, Vakermann, Raisfeld, Klarsfeld à la Paramount, Schless à la « Warner Bras », Lapiner Cohen dit Allan Byre à la « Métro Goldwin », assurant la liaison avec Hollywood.

Jacques Natanson, André Lang, Stegelmann, Valentin Mandelstamm, Jean Jacoby, Mitler, Kaus, etc., etc., sous le nom d'adaptateurs, tripatouillent des scénarios.

On voit passer des gens qui s'appellent Noé Bloch, Simon Barstoff, Geftmann, Agimann, et qui se donnent solennellement pour administrateurs, on ne sait trop de quoi.

Faut-il de la musique, on court la demander à Wiener, effroyable youtre chassieux, semblant toujours traîner des abcès purulents dans le fond de son pantalon moisi, et qui peut se vanter d'avoir adapté la musique de plus de cinq cents films. Si Wiener succombe par trop sous la commande, on s'adresse à Misraki, fournisseur de cet autre Juif, Ray Ventura, à Kurt

Weill, à Michel Levine, à Heymann, à Oberferld, spécialiste des couplets pour M. Fernandel, à Manuel Rosenthal ou au Juif aixois Darius Milhaud dans les grandes occasions, quand on est décidé de faire à l'art tous les sacrifices. Si fortuitement on daigne faire appel aux « goym » Jacques Ibert ou Honegger, c'est qu'ils ont donné à la juiverie tous les gages possibles et qu'il faut bien les récompenser un peu pour le zèle qu'ils ont déployé dans les galas du ministère Blum.

Quant aux techniciens, depuis les opérateurs jusqu'aux maquilleurs, en passant par les monteurs, les ingénieurs du son, les décorateurs, les costumiers, leur troupe innombrable échappe à tout recensement.

Il ne reste donc d'à peu près aryens que les ouvriers électriciens et machinistes et les comédiens, difficiles à remplacer parce que leur réputation est, en général, faite depuis longtemps auprès du public et que, malgré sa crétinisation avancée, il n'est pas encore tout à fait mûr pour entendre l'écran baragouiner à longueur de spectacles le franco-yddish. J'ai à peine besoin d'indiquer que tous les comédiens Juifs en état de tourner chez nous, jouissent de privilèges exorbitants, et que si l'on fait un pont d'or à Jean-Pierre Aumont, si on se l'arrache, si on l'exhibe dans toutes les poses et sous tous les costumes, c'est que cet insupportable petit cabotin, aussi suffisant que nul, se nomme Salomon devant l'état-civil.

LE FILM « FRANÇAIS »

Pour donner une idée encore plus nette du fléau, voici, pris absolument au hasard parmi des programmes d'il y a trois ans, quelques « génériques » de ce que l'on appelait alors des films français. J'y mets en italiques les noms des Hébreux

L'Esclave blanche
Production Lucia Film (*Romain Pinès*)

Distributeur	Les distributeurs associés (*Fernand Weil* et *Spiger*).
Metteur en scène	*Marc Sorkin.*
Supervision	*G. W. Pabst* (allemand).
Assistant	*André Michel.*
Chef Opérateur	*Michel Kelbar.*
Opérateurs	*Weiss, Alekan, Nalpas.*
Décors	*Andrejeff* (russe).
Régie	*Goulmansky.*
Maquilleur	*Tourjansky* (russe)..
Découpage et scénario	*Léo Lania*
Directeur de production	*Grégorie Geftman.*

Le Dernier tournant
Production Gladiator film (*Smadja*).

Distributeur	Lux (*M. Rosso*).
Metteur en scène	*Cohen*, dit *Pierre Chenal.*
Scénario	*James Cain.*
Adaptation et dialogues	Charles Spaak (belge).
Décors	*Wakéwitch.*
Musique	*Michel Levine.*

Les Otages
Production Chronos Film (*Seymour Nebenzahl*).

Mise en scène	*Raymond Bernard.*
Scénario	Victor Trivas (heimatlos chassé d'Allemagne, donné toutefois comme non-Juif par certains ouvrages Juifs qui sont peut-être erronés), et *Léo Mitler.*
Dialogues	Jean Anouilh (Français... Enfin !)
Directeur de production	*Lowenberg* et *Chemel.*
Assistant de production	*Ralph Baum.*
Assistant	*Nicolas Bernard* (l'esprit de famille).
Opérateur	R. Le Febvre (Français).
Maquilleur	*Klein.*

DE Mayerling à Serajevo
Production *Eugène Tuscherer*.

Metteur en scène	*Max Ophuls*.
Auteurs	*Zuckmayer* et Marcelle Maurette (Française, qui n'aurait pu évidemment œuvrer toute seule).
Dialogues	A.-P. Antoine (Français), *Jacques Natanson*.
Opérateur	*Curt Courant, Otto Haller*.
Assistant	*J. P. Dreyfus*.
Monteur	*Jean Oser*.
Directeur de production	*Ivan Foxzvell*

Conflit
Production *Cipra-Pressburger*.

Scénario	*Hans Wilhelm* et *Gina Kaus*.
Adaptation et mise en scène	*Léonide Moguy*.
Dialogues	*Weisskopf*, dit *Charles Gombault*, le belliciste de la presse judéo-maçonnique, aujourd'hui en fuite.
Musique	Jacques Ibert (Français. Ah ! le pauvre isolé. Mais ce maçon n'est-il pas presque chez lui ?)
Directeur de production	*Michel Koustoff*.
Montage	*Maurice Levine*.
Décors	*Wakhévitch* et *Colasson*.
Administrateur (!) de la production	*Grégoire Geftman*.
Régie	*Sabar, Pessis* et *Barnatan*.
Maquilleur	*Safonoff*.
Opérateur	*Ted Pahle*.

Sur soixante noms, nous avons relevé dix chrétiens, dont un au moins douteux, et sur ces dix chrétiens, cinq Français, en tout et pour tout. Car les Juifs, lorsqu'ils ont absolument besoin d'un concours extérieur à Israël, donnent immanquablement la préférence à un étranger, aussi judéophile que possible, sur leurs hôtes français.

80% de Juifs, 10% d'émigrés sans passeports, 10% de Français autorisés pour leurs attaches marxistes et maçonniques, c'est, hormis les acteurs dont près de la moitié sont d'origine étrangère, russes, roumains, italiens, américains, suisses, belges, l'exacte statistique du cinéma dit français.

LE GHETTO DES CHAMPS-ÉLYSÉES

Les noms seuls que je viens de transcrire dépeignent déjà cette tourbe. Tous ces youtres en «*sky*», en «*off*» et en «*eff*» sont des nomades vomis par les ghettos d'Orient. Si le Juif, où qu'il soit né est toujours par sa race l'étranger indésirable, ceux-ci sont les pires métèques parmi tous les métèques. Certains promus Français par les bienfaisances des Blum, des Zay et des Marx Dormoy inaugurent ainsi leur troisième ou quatrième état-civil. Beaucoup étaient déjà en Allemagne des heimatlos (1) venus du fond de l'Est, d'on ne savait où, pour répandre leurs venins de guerre civile et piller le mark avant que le Reich épuisé de 1919 retrouvât la vigueur de les expulser.

Leurs gueules offrent foutes les variétés de bassesse et de hideur : crochues, flasques, crépues, pelées, huileuses. Les yeux clignotants et éraillés derrière de glauques lunettes, ou globuleux parmi les chairs bouffies, ne révèlent que la ruse et l'outrecuidance. Parmi tous ces Achkenazims, on reconnaît la sous-espèce levantine, plus visqueuse encore, s'il se peut. Le sabir répond au yiddish, ce qui n'empêche pas de se comprendre. La plupart ne sont même pas capables de dire cinq mots de suite dans notre langue.

Et cela tranche de dialogues, de romans, de pièces, de scénarios.

Ils n'ont pas quitté les beaux quartiers berlinois où ils campaient depuis cinq, dix, quinze années, pour aller s'enterrer

---

1.— (Personne) qui est dépourvu(e) de nationalité légale. *Synon. usuel*: apatride. Un intellectuel est une sorte d'heimatlos, et c'est n'avoir plus de patrie que d'avoir sa patrie au ciel des idées (*Guéhenno*, Journal « *Révol.* », 1938, p. 128). L'association *France for ever* dont la direction est assurée par le couple heimatlos Bernstein-Ève Curie, auquel un récent décret du chef de l'État français a retiré la nationalité française

(*L'Œuvre*, 18 mai 1941).

rue des Rosiers. Ils n'ont fait qu'un bond de Kurfurstendam sur les Champs-Elysées.

Ils y sont les seigneurs. On n'y voit plus qu'eux. D'autant que comme tous les Juifs, ils ont la faculté de se décupler. Ils y apportent, comme partout ailleurs, les mœurs du bazar oriental. A la terrasse du Fouquet's, dans un coin écarté, vous apercevez un Juif boudiné, vautré dans son fauteuil, tambourinant avec ses doigts chargés d'énormes bagues la table où l'on ne voit qu'une tasse de café vide et une carafe d'eau. Il tourne nonchalamment autour de lui ses gros yeux, il répond à peine par quelques monosyllabes indifférents à un autre Juif, efflanqué, le nez en bec d'ombrelle chevauché d'énormes besicles d'or, tout voûté dans un pardessus râpé, qui se tient debout devant lui comme un héron, lâche une phrase, puis soupire douloureusement, tombe dans un profond et pénible silence où il médite une autre *« bédide brobozition »*.

Vous passerez deux heures plus tard, la scène continuera encore. Puis, brusquement, à ce jeu quasi muet, succèdent de grands éclats. Le Juif assis s'indigne, s'ébroue comme un honnête bourgeois exaspéré par un marchand de cacahouètes. L'autre, hardiment, s'empare d'un siège, y plante son derrière, et en tendant des mains frémissantes, se lance résolument, dans le flux d'une dialectique précipitée, à l'assaut de son interlocuteur. Ils pourront très bien rester ainsi à s'affronter, glapissant, gémissant, gesticulant, de midi jusqu'au crépuscule en avalant de temps à autre un verre d'eau. Ils se passent des papiers froissés que longuement ils flairent et retournent. Vous croiriez de deux youdis des Karpathes en train de se refiler trois douzaines de cartes transparentes et un lot de casquettes mitées dans l'ombre crasseuse de quelque ghetto campagnard. Mais vous apprenez bientôt des initiés qu'il s'agit de l'ex-plus grand producteur de Vienne en négociation avec l'un des ex-plus grands producteurs de Berlin et que de leur marchandage sur le guéridon de marbre dépend l'existence d'un film de sept ou huit millions.

Parfois, le troc a lieu sur les trottoirs mêmes. Le flot montant et descendant des promeneurs contourne un petit cercle d'individus exotiques, aux mains et aux yeux fébriles, qui piaillent dans un jargon barbare, semblable à de l'allemand massacré par un sidi. Les échines peuvent être revêtues des plus moelleux draps d'Écosse. Mais le connaisseur voit flotter autour d'elles les lévites ancestrales. Le décor léger des arbres du ciel parisien s'effacent pour lui montrer le même groupe en bottes fangeuses et bonnets à queues de renard, se dessinant entre chien et loup sur les murs sales d'une venelle de Cracovie, et poursuivant là-bas comme ici la même palabre, âprement, indéfiniment.

Si le chrétien intrigué s'attarde un peu trop près d'eux, ils lui décochent de soupçonneux regards, comme des receleurs surpris au milieu de leur partage.

Les chrétiennes les plus appétissantes viennent se frotter comme des chattes amoureuses à ces affreux Belzébuths. Le contact de ces poussahs aux graisses vertes ou de ces vautours n'est sans doute pas toujours très ragoûtant. Mais le métier de vedette installée ou en devenir a ces impérieuses exigences. Dans ce gratin de la prostitution que sont les coulisses des studios, le Juif possède des droits imprescriptibles de cuissage, il a l'omnipotence d'un sultan dans son harem.

Tout autour des grands cafés, des restaurants élégants où l'on salue les Algazy, Rabinovitch, Press-burger, il y a une infinité de bars, de bistrots, de bouchons où s'affairent les petits rabatteurs, ceux qui travaillent à la commission pour le placement des traites les plus faisandées, qui ratissent tout au plus les billets de mille par paquets de dix, voire un par un. Ceux-là aussi ont leur cour. Mais ils doivent se contenter des faveurs des figurantes, chaperonnées souvent par des pédérastes de trottoirs qui, les soirs de rafle, excipent en se déhanchant de leur profession de « cinéastes ». Les petits chacals Juifs meuvent ce bétail fardé, prélevant sur les cachets des pourcentages mystérieux. Ils hantent aussi des aryens rougeauds, bons garçons, au feutre rejeté sur la nuque, qui parlent fort avec des accents de terroir. Ce sont les patrons des salles de province qui jouent dans les combinaisons du cinéma d'Israël le rôle de l'épargnant pour la Bourse et, fils de Toulon ou de Carcassonne, offrent le pastis et leur cordial tutoiement aux natifs de Lvow et de Nagy-Varad.

CHAPITRE V

LEURS FINANCES

Mais les Juifs du cinéma ne se sont pas contentés de nous offusquer par leur laideur et d'acheter les plus jolies filles de Paris.

Les méfaits par lesquels ils ont marqué leur passage ont été de deux ordres : matériel et spirituel.

La fripouillerie de cette tribu des Champs-Elysées était devenue légendaire. Seuls, bien entendu, les pouvoirs publics l'ignoraient. J'ai relu ces temps-ci, pour ma documentation, un insipide bouquin de près de quatre cents pages, Où va le cinéma français, où ont été réunis par le député Jean-Michel Renaitour, président du groupe du cinématographe de la Chambre, les analytiques de toutes les séances de ce cénacle pendant l'année 1937. C'est un bel échantillon du verbiage parlementaire, diffus, avantageux, plein de salamalecs hypocrites et de faux-fuyants, et que le président se hâte de détourner avec des bénédictions académiques dès qu'il risque de frôler le vrai problème. Après dix mois de ces « travaux », on créa un grand comité du cinéma, avec concours d'académiciens et d'ambassadeurs et on se sépara en se congratulant d'un aussi brillant résultat.

M. Jean Zay avait honoré de sa présence l'une de ces réunions, et reçu les fleurs et les bravos de tout le monde. On avait entendu aussi M. Raymond Bernard, M. Édouard Sée, M. Grunebaum-Ballin, du Conseil d'État — car il n'y avait pas de bonne commission de quoi que ce fût sans un parfum de pandectes — M. Klarsfeld et M. Roger Weill, ce dernier représentant l'estimable firme Pathé-Natan sur laquelle on se garda bien de lui demander les moindres comptes. On le félicita au contraire d'appartenir à une aussi glorieuse maison. Le groupe du cinéma avait du reste jugé plus commode et prudent de déclarer dès l'abord que les questions monétaires lui échappaient, étant du ressort de la sous-commission des finances. M. Vandal, aryen, mais associé de Delac-Ben Kaled, tint à s'élever en termes indignés contre les calomniateurs qui osaient mettre en doute la probité du monde cinématographique. Ai-je besoin d'ajouter que pas une seule fois, au cours des quatorze séances, la plus timide allusion ne fut faite aux Juifs, ou même plus pudiquement aux « étrangers » du cinéma ?

Mais sitôt sortis de ces antres parlementaires, on n'entendait parler que des margoulins hébreux. Paul Morand leur avait consacré un roman, *France la Douce*, sans toutefois avoir le courage d'écrire en clair les quatre lettres du mot « Juif ». Ils étaient devenus des personnages classiques des chansonniers et revuistes, au même titre que Mistinguett et Cécile Sorel. Le dégoût qu'ils inspiraient renversait toutes les barrières politiques. On voyait brusquement des metteurs en scène communisants mais aryens, réduits à l'inaction, passer à l'antisémitisme le plus farouche et répandre autour d'eux les rares journaux d'extrême droite qui osaient imprimer la vérité au milieu de l'avilissement honteux de la presse.

On peut dire que dans les deux années qui ont précédé la guerre, tout ce qui portait un nom chrétien dans le cinéma de Paris était devenu plus ou moins antiJuif, même quand il vivait confortablement au sein des affaires juives. L'enquêteur qui faisait un tour dans les studios récoltait une provende inépuisable d'épithètes :

« *Ah ! Les crapules, les pirates, les menteurs, les gangsters, les étrangleurs, les faussaires !* »

Mais encore ? Comment ces bandits procédaient-ils ? Leur effroyable ingéniosité, la multiplicité des scandales révélés par lambeaux ne permettaient guère à des journalistes très naïfs en matière d'argent d'en donner une image d'ensemble. Cela devient plus facile avec quelque temps de recul.

UN AVEU DE JEAN ZAY

Les escroqueries du cinéma partaient d'un principe à peu près immuable et très simple, pratiqué du reste par les Juifs dans tous les commerces et toutes les industries qu'ils ont saccagés : pour la confection d'un film, créer une société-prétexte au capital social aussi dérisoire que possible, jouant le rôle d'appât à espèces plus ou moins fraîches dont la bande s'enrichissait, dévorant tout ou laissant des restes selon son avidité, son audace, selon l'aisance ou le danger de l'opération. La « raison sociale », cela va de soi, ne manquait jamais de disparaître dans ce pillage. C'étaient en somme des variantes de la technique Natan.

Le recueil des séances de la Commission du Cinéma donne à ce sujet des chiffres d'autant moins récusables et d'autant plus éloquents que MM. les députés les entendaient de la bouche de Jean Zay lui-même, lisant devant eux un rapport dressé par ses bureaux, et dont il se garda bien de tirer la moindre conclusion.

« *... En 1935, il s'est constitué 158 sociétés nouvelles qui représentaient 17 millions de capital, et en 1936, il s'en est constitué 175, soit beaucoup plus, mais qui ne représentaient plus que 12 millions de capital, soit 5 millions de moins : c'est l'indication formelle de la multiplication des sociétés et de la réduction des capitaux sociaux, par conséquent de l'objectif limité des sociétés qui se forment.*

« *La moyenne des investissements dans cette industrie est tombée à 109.000 en 1925, ce qui était déjà un chiffre dérisoire, à 67.000 en 1936. Quant au nombre des sociétés en faillite, il a été en 1935 de 52 sociétés et de 65 en 1936.* »

Ceci pour une centaine de films péniblement sortis chaque année des studios parisiens.

67.000 FRANCS DE CAPITAL VERSE POUR UN FILM QUI NÉCESSITAIT AU MINIMUM DEUX MILLIONS ! Encore est-ce là une moyenne qui devait dégringoler de 1937 à 1939. ON A VU DES SOCIÉTÉS SE CRÉER AVEC 25.000 FRANCS, POUR PRÉTENDRE A LA PRODUCTION D'UN FILM QUI COÛTERA QUATRE MILLIONS. Calculez la marge laissée aux tripotages et aux déprédations… Petit détail : très souvent les vingt-cinq billets n'appartenaient même pas au « fondateur », mais lui étaient prêtés pour une heure et moyennant mille francs par un spécialiste de ces tractations qui se hâtait de les rempocher une fois que le premier Juif les avait étalés sous le nez d'un notaire.

Nous pouvons être vraiment fiers de notre esprit juridique. Était-il monument plus grotesque jusqu'à ces dernières semaines que notre législation sur les sociétés ? Et que de lacunes ne comporte-t-elle pas encore ! Le droit français en face de la duplicité juive pourrait se représenter comme une brochette de chicanoux myopes plongés jusqu'aux oreilles dans un Dalloz qu'ils épluchent lettre à lettre tandis qu'autour d'eux de lestes et ingénieux brigands mènent une sarabande diabolique et à chacun de leurs nouveaux tours ramènent dans leur poche la bourse d'autrui.

Balzac décrivait déjà il y a plus de cent ans le vol consommé « sous les apparences de la légalité », le seul véritablement dangereux pour une société. Les Juifs rompus par leurs atavismes rabbiniques et orientaux à toutes les jongleries de procédure devaient le perfectionner incroyablement. Mais il faut dire que la loi leur fut sciemment complice. La magistrature française, avec tous ses textes et toute sa religion de la forme n'était plus qu'une collection de pantins dont les capitalistes, les politiciens et les fripouilles dorées d'Israël tiraient avec sérénité les ficelles.

VIRTUOSES DE LA FAUSSE TRAITE ET DE LA FAILLITE

Ainsi, le premier youtre venu, revendeur de chaussettes ou refileur de cocaïne, ayant derrière lui trois ou quatre faillites, ne possédant même pas un passeport régulier avait toute licence de créer autour de l'Étoile une « *Star-Film* », une « *Atlas-Film* », une « *Jupiter-Film* ». (on ne se refusait rien) consistant en un réduit quelconque, une superbe plaque de cuivre sur la porte, une table de bois blanc, deux chaises, un téléphone, une dactylo, deux ou trois dizaines de mille francs dans un tiroir et d'y aspirer, d'y brasser des liasses de chèques et de traites bien plus commodément qu'un industriel ayant en bâtisses et en machines pour vingt millions de « répondant ». Le coup perpétré, c'était l'enfance de l'art que de mettre la clef sous le paillasson, et, selon le risque, d'aller créer une « *Gloria-Film* » sur le trottoir d'en face ou de porter ses pénates au delà des mers.

Sur ce scénario classique, l'astuce de la race inventait à l'infini des combinaisons nouvelles. On ne peut donner ici qu'une bien faible idée de ce répertoire inépuisable de filouteries et de faux.

Dans toute entreprise non juive, même si les moyens employés sont peu scrupuleux, le but naturel est d'introduire sur le marché un produit qui puisse se vendre avec des bénéfices plus ou moins honnêtes. Dans le cinéma Juif, le film à faire était uniquement l'alibi capable de susciter un magot. La qualité marchande de l'ouvrage, voire même sa terminaison restait tout à fait subsidiaire.

La grande aubaine, c'était évidemment d'attraper au filet un beau commanditaire bien gras et bien neuf dans le métier, prêt à se faire soulager en toute candeur d'âme de plusieurs « unités » dans le mirage des dividendes du cinéma. Cet entôlage avait fait merveille sur les familles nobles et encore huppées, sur le haut clergé, sur les quinquagénaires aussi riches de rentes que d'illusions concernant la photogénie de leur maîtresse. Dans les belles années, on les accouchait à la file de trois ou quatre chèques d'un million ou d'un demi-million chacun, leur présentant pour toute justification de ces mises de fonds quelques bouts éparpillés de pellicule. Si le film, une fois sur deux, voyait finalement le jour, les fonds versés par le bailleur se chiffraient au triple et quadruple du coût réel de la bande.

Toutefois, ce gibier du commanditaire profane et rançonnable à merci, trop assidûment traqué, avait fini par devenir rare. Lorsqu'on en levait un, aux jolis jours de 1937, c'était pour la curée une telle presse de Juifs que selon le mot dégoûté de l'un d'entre eux, « le travail ne payait plus ».

On avait affaire alors aux commanditaires multiples, dénichés par des bandes de rabatteurs, l'exemple des plus gros servant à aguicher les petits, et que l'on plumait en détail.. Une commandite de 200.000 francs en argent presque frais, avec une signature de poids et une rosette de la Légion d'Honneur à la clef pouvait suffire à drainer par petits paquets le double million. Inutile d'entrer dans le détail, qui se laisse suffisamment deviner, des commissions, remises, pourboires, entremises de toutes sortes que ces manœuvres entraînaient. On parle pour mémoire aussi des commandites fictives.

☩

Dans les trois ou quatre ans qui ont précédé la guerre, la majeure partie des fonds de la production était fournie, sous forme de traites, le plus souvent par les exploitants des salles de province qui avaient pour leur clientèle un besoin urgent d'être fournis en films français et prêtaient sur le nom d'une vedette réputée commerciale. C'était alors le célèbre et infernal manège des faux effets, deux ou trois traites dressées et lancées par les Juifs pour chaque créance et remises à des établissements de crédit ou des fournisseurs différents.

En règle générale, au premier tour de manivelle de n'importe quel film, la moitié au plus du capital nécessaire était disponible.

Ainsi, M. Arschmeck, ancien calicot du ghetto de Lipscani à Bucarest, cinéaste depuis son passage à Berlin, et possédant présentement pour siège social un guéridon dans un coin : du Colisée, vient d'avoir la cervelle traversée par un titre mirifique : mettons que ce soit *Charivari d'amour*. Incontinent, il court acheter une page de publicité sur papier or avec lettres en vermillon dans un journal corporatif. Il corse le placard de quelques noms de comédiens en vogue. Au bout de huit jours, le titre est acheté à l'étranger. Quelques exploitants prennent une option. Voici M. Arschmeck fourni déjà de certaines disponibilités. Si ce n'est qu'un faisan de toute petite volée, il peut s'en tenir là. Il ne lui sera pas interdit de recommencer un peu plus tard avec *Le béguin de la Cantinière*. S'il a flairé entre temps quelque combinaison plus avantageuse à Londres, il disparaît sans laisser de traces, avec un premier fonds de roulement gagné, comme on le voit, sans trop de peine. Mais s'il est décidé à prospecter Paris et s'il y a de hautes visées, il peut faire maintenant les frais d'un scénario.

Un film pourvu d'un scénario et d'une distribution éblouissante sur le papier, c'est déjà, en matière de commerce Juif, une denrée hautement monnayable. M. Arschmeck n'aurait plus qu'à renier le dieu d'Abraham s'il n'en tirait pas quelque deux ou trois cents billets. Il a créé la firme Absalon, la troisième de la semaine dans le 8e arrondissement. Après quelques tours de manivelle, il lui sera loisible de la mettre en faillite. Il aura peut-être aussi avantage à patienter pour cela jusqu'au premier million, sur lequel son prélèvement sera fort coquet.

Il est possible que le film soit arrivé au tiers, aux deux tiers de sa réalisation. Brusquement, tout s'effondre. Cinq cent mille francs de traites maquillées sont en souffrance aux quatre coins de Paris. L'argent liquide a fondu entre vingt mains, car M. Arschmeck n'est pas seul, il a autour de lui sa tribu dont les dents sont longues. Tout s'arrête dans le studio loué. L'Absalon-Film n'est plus qu'un souvenir. La pellicule va dormir dans un coin, aussi tristement qu'un paquet de chèques sans provision.

Le cas est si fréquent (un film sur trois, selon le rapport de Jean Zay cité plus haut) que des requins se sont spécialisés dans le rachat de ces films, à Moitié de leur valeur, aux commanditaires qui pourront encore s'estimer heureux de n'avoir pas perdu plus de 50% si toutefois ils n'ont pas été réglés en monnaie de singe. Il est arrivé ainsi que des films changeaient trois et quatre fois d'estampille avant d'être enfin terminés.

✠

Il est arrivé encore, puisque tout arrive, que le film achevé se vendait bien pour des raisons d'habitude fort étrangères à sa valeur et qu'en somme les bailleurs de fonds auraient réalisé une affaire acceptable. Mais le producteur avait bien trop de tours dans son sac pour laisser cet actif figurer aux écritures de sa firme. Le Juif Pinhas dit Romain (je vous demande un peu) Pinès, était un virtuose de ces sortes de subtilisations. Ce qui ne l'empêcha pas d'exercer impunément son industrie chez nous de 1926 jusqu'à la guerre.

Les pires écumeurs, comme il se doit, se trouvaient en effet en haut de l'échelle, parmi ceux dont les noms, brillant sur les écrans en tête de films aux titres connus, jouissaient hélas ! d'un crédit constamment renouvelé.

Jusqu'au moment où, toujours trop tard, leur malhonnêteté se dévoilait. Seymour Nebenzahl, par_ exemple, directeur à Berlin de la Nero qui produisait les films de Pabst et de Fritz Lang, était arrivé chez nous avec une véritable auréole. Tout le monde ne pouvait pas savoir qu'il avait fui l'Allemagne en y laissant une gigantesque ardoise de dettes. L'eût-on révélé que cela fût passé pour une calomnie « hitlérienne ». Ce grand homme eut tout loisir pendant six ans à Paris de tripoter et de détourner des fortunes. D'autant qu'un des premiers films de sa nouvelle maison « française » avait été *Mayerling*, énorme succès public. Au mois de mars 1939, sentant le vent mauvais, il leva brusquement le pied pour l'Amérique, laissant un passif en rapport avec sa célébrité et la considération qui l'entourait, et sans même avoir pris la peine de régler ses plus modestes employés.

Il faudrait encore parler de la clique des distributeurs et des impôts inouïs qu'ils prélevaient sur la moindre bande. Une de leurs missions était d'étrangler au passage tout film de valeur qui par hasard avait pu naître hors du cercle d'Israël. Ils l'écrasaient par de telles tares, ils faisaient si bien truquer ses recettes que les réalisateurs aryens assez téméraires pour avoir voulu s'affranchir du monopole Juif, se dégoûtaient et ne récidivaient pas.

Pour ces exportateurs, un de leurs coups classiques était de revendre quatre ou cinq fois le même film à un pays étranger, de préférence quelque république sud-américaine.

Des associations de capitaux chrétiens, solides, aussi honnêtes que possible, bien résolues à mener un combat de race auraient sans doute pu au moins tenter de barrer la route à la maffia juive. Elles y seraient parvenues dans les années qui suivirent la guerre. Mais les possédants français n'avaient pas à l'époque la clairvoyance nécessaire. Ils ne croyaient ni au péril Juif, ni à l'avenir du cinéma. Dans la suite, il leur eût fallu une hardiesse, un goût de la lutte, un sens national qui leur faisaient absolument défaut. Puis, il fut trop tard. Après 1933, on ne pouvait plus remonter le courant sans l'assistance des pouvoirs publics. Or, ils étaient à la dévotion d'Israël. L'unique essai de financement aryen, celui des Lyonnais de la C.C.T., était trop timide, trop isolé pour devenir efficace.

Les escrocs Juifs ont donc en liberté mis au saccage l'industrie française du cinéma. Ils en ont fait un maquis farci de détrousseurs dont on conçoit que les braves gens se soient prudemment écartés. Ils y ont tout faussé, tout démoli, le crédit, le marché intérieur, l'exportation. Selon leurs méthodes d'élection, ils y ont vendu surtout du vent, des centaines de kilomètres de pellicule fictive. Mais quand leur denrée existait réellement, cela ne valait guère mieux.

Quand le Juif ne vous refait pas purement et simplement votre portefeuille, quand il ne vous colloque pas contre votre bel argent des valeurs de pétroles imaginaires, il vous vole sur la qualité. Quand vous n'avez vraiment rien à vous faire voler, il s'en prend à votre cervelle.

FIG. 4

Jacques Feyder

La Kermesse héroïque (Jacques Feyder, 1935)

A boom, dans les Flandres, en 1616. On apprend que l'occupant Espagnol s'apprête à traverser le village, et les bourgeois s'inquiètent : ne vont-ils pas procéder à des massacres ?...

CHAPITRE VI

LEUR ART

Les Juifs ont été les principaux agents de l'abaissement du cinéma français en favorisant le déplorable système du financement des films par les petits propriétaires de salles. Cette dictature par le bas équivalait à la démagogie des Blum et des Zay en politique. Des boutiquiers le plus souvent incultes, vulgaires, quand ils n'étaient pas de mœurs assez écœurantes, devenaient les arbitres suprêmes du cinéma, puisqu'ils avaient en main le redoutable pouvoir de faire naître des films, et seulement les films qui répondaient à leurs désirs.

A cette démagogie, nous devons l'interminable série des vaudevilles imbéciles, fabriqués à la chaîne, avec les plus grossiers et les plus sommaires procédés, exactement comme la camelote des Uniprix Juifs. Le cinéma a pu être ainsi confondu chez nous avec une entreprise systématique d'abrutissement public. Et c'est ainsi que de bons esprits hésitent encore à reconnaître ses admirables moyens d'expression.

DÉMAGOGIE JUIVE

Les mercantis Juifs nés en Ukraine ou en Slovaquie, flanqués de souteneurs marseillais et de bistrots toulousains, quand on protestait contre ces inepties, répliquaient que c'était l'article commercial conforme au goût de la clientèle. Je sais trop bien que le goût des foules du XXe siècle est naturellement médiocre. Mais les margoulins ne cessèrent de l'encourager dans ce qu'il avait de plus niais et de plus vil. Ils ont retardé, compromis pour des années l'éducation de l'œil et de l'esprit chez les spectateurs des salles obscures. Que l'on n'entende pas ici, de grâce, ce mot d'« éducation » dans son acception scolaire. Je veux parler seulement de certaines habitudes de pensée, d'un certain sens du vrai langage cinématographique qui, peu à peu, s'implanterait dans la majorité du public, réduirait la distance toujours consternante qui sépare chez nous la masse de l'artiste digne de ce nom.

Que nous ayons fort à faire dans ce domaine, mais qu'il ne nous soit pas impossible d'y remonter la pente où l'affreux négoce judaïque nous précipite, j'en veux au moins une preuve d'assez de poids. Nous avons pu voir à Paris depuis l'armistice un film allemand, *La Lutte héroïque*, conçu d'après un scénario très austère et qui eût fait pousser de beaux cris à nos trafiquants, puisqu'il s'agit de la vie du Dr Koch, le médecin qui découvrit le bacille de la tuberculose. Par le talent, la conviction des auteurs et des interprètes, ce film arrive à concrétiser dans ses images le courage, les déceptions, les joies d'un homme de génie avec une vérité, une intensité de vie tant physique que spirituelle qui fait songer à une biographie du savant telle que Balzac eût pu l'écrire. C'est en tous points une œuvre d'art, et aussi une œuvre morale, réconfortante, sans aucune des mesquineries et niaiseries des navets du genre édifiant. Elle a remporté un immense triomphe populaire en Allemagne. Compte tenu de ce que Koch est un personnage plus célèbre Outre-Rhin, l'accueil fait au film à Paris n'a été qu'un succès d'estime assez décevant. Aucune raison d'ordre politique ne joue en l'occurrence, puisque beaucoup d'autres spectacles allemands, de moindre qualité, font salle comble tous les jours à Paris.

Faudrait-il en déduire que le peuple allemand est originellement plus compréhensif, plus sensible que le peuple français ? Je pense que personne chez nous ne se résignerait à une aussi décourageante conclusion. Mais je pense aussi que le Reich national-socialiste, tout en laissant sa part au simple divertissement, a commencé d'entreprendre des efforts sérieux pour élever le niveau spirituel d'un public qui, lui aussi, fut, durant de longues années, submergé par la camelote juive. Il y a là pour nous une tâche passionnante à entreprendre, à la condition que l'État s'en mêle, généreusement pour la finance, discrètement pour le reste, et que l'on n'abandonne pas cet ouvrage aux bénisseurs et prêcheurs professionnels. Mais la condition première est d'éliminer inexorablement le Juif.

A en croire certains gobe-mouches, cette élimination complète serait une catastrophe, car sans nier la piraterie évidente des Juifs, ils voudraient qu'elle fût compensée par leurs qualités artistiques, par les dons irremplaçables qu'ils apporteraient au cinéma, par leur rôle d'animateurs.

J'ai déjà fait rapidement justice de ces propos en parlant d'Hollywood et de l'Allemagne d'après-guerre. Quand on est bien au fait du battage, des énormes hyperboles que les Juifs font colporter sur leur propre compte, leur part réelle de créateurs se réduit à des proportions très modestes.

J'ai dit comment nous avions hérité, en France, des plus médiocres. Pendant qu'ils s'installaient en maîtres absolus dans notre cinéma, Jacques Feyder donnait coup sur coup trois œuvres magnifiques, *Le Grand Jeu*, *Pension Mimosas*, *La Kermesse Héroïque*, le seul film français qui, après avoir été applaudi à travers toute l'Europe, ait fait une véritable carrière aux États-Unis. Il était déjà scandaleux qu'un homme de la valeur de Feyder n'ait pu réaliser ces ouvrages que grâce à des capitaux étrangers, qu'il ait été ignoré de tous les Natan et consorts. Ses derniers succès le désignaient en tout cas comme un des maîtres de l'écran français, un de ceux que des firmes soucieuses de leurs intérêts à la fois les plus élevés et les plus positifs doivent se disputer l'honneur d'employer. Par un paradoxe inouï, après cette triple réussite, il ne fut plus possible à Jacques Feyder de tourner en France un seul mètre de pellicule. Il devait attendre et piétiner pendant trois ans avant de pouvoir réaliser... En Bavière, son nouveau film, *Les gens du voyage*... Le talent, sous une forme aussi indiscutable, portait ombrage aux Juifs, ne constituait plus pour eux qu'une concurrence qu'ils écartèrent par une sournoise et farouche opposition.

René Clair, lui aussi, après avoir réalisé chez Pathé-Natan un seul film, *Le dernier milliardaire*, ce qui ne lui porta pas bonheur, puisque ce fut son premier échec, ne trouvait plus, sous la grande juiverie, aucun engagement.

C'est une singulière méthode pour encourager le « septième art » d'un pays que de commencer par y rendre la vie intenable à ses meilleurs auteurs.

Pour les fameuses gloires du cinéma allemand, j'ai signalé le brusque dégonflement qu'elles subirent sitôt arrivées chez nous. Le cas le plus étonnant fut celui de Max Ophüls, qui débarquait de Vienne, précédé par la réputation de *Liebelei*, films d'une délicieuse sensibilité, et d'une facture de grand virtuose. M. Max Ophüls, une fois installé à Paris, commença à faire la petite bouche. Aucun des scénarios qu'on lui soumettait n'était digne de son génie. Il fallut mobiliser en son honneur Mme Colette, qui écrivit consciencieusement l'histoire et les dialogues de *Divine*. M. Ophüls dut se résigner enfin à tourner. Son produit fut une pauvre chose gauche et informe. Sur le plateau, M. Ophüls était apparu égaré, bafouillant, tâtonnant. Les langues se délièrent et on apprit que selon toute vraisemblance, M. Ophüls avait à peine mis la main au *Liebelei* viennois.

A la lumière de ce fait, il faudrait réviser beaucoup d'illustrations du cinéma Juif, rechercher les complicités tortueuses, les chantages, les pressions qui leur permirent de s'établir. On y verrait qu'après l'usurpation de la propriété matérielle, les Juifs pratiquent aussi froidement celle de la propriété spirituelle, et que parmi leurs plus fameux metteurs en scène, abondent les vulgaires négriers. Privés à Paris de leurs esclaves, ils ne pouvaient manquer de laisser transparaître leur imposture.

Exécutés à la petite semaine, abandonnés, repris puis lâchés de nouveau par des équipes toujours différentes, entourés d'une nuée de forbans n'ayant d'autre souci que le pillage des budgets, il n'est pas étonnant que les films Juifs de Paris aient senti le sabotage, l'improvisation vaseuse, la chienlit, comme les pavillons de l'Exposition Blum.

Tout le monde se rappelle ces lugubres pantalonnades où les acteurs ahuris ânonnaient un texte qu'ils ne pouvaient avoir appris puisque la veille même le dialoguiste n'était pas encore engagé ; ces mélos empruntés aux carcasses les plus vermoulues du théâtre bourgeois, où le héros ignorait, comme les auteurs du reste, si la fin de la scène qu'il commençait de tourner le verrait pendu ou gagnant le gros lot ; ces drames « historiques », ces Versailles, ces Tuileries, cette cour de Catherine de Russie dont les décors et les costumes semblaient loués chez des fripiers du Carreau du Temple, avec une profusion de verroterie de bazar pour cacher les trous.

L'ESTHÉTISME MARXISTE

Les Juifs se montrèrent cependant fort glorieux d'une série de films qui marquaient, selon leurs agents de publicité, la renaissance du cinéma français (par les bons soins d'Israël) et qu'une foule de snobs, de niais, les gigolos des Champs-Élysées, les intellectuels communisants de la rive gauche saluaient comme de grandes œuvres d'art.

Je parle surtout des films que se mit à produire coup sur coup, à partir de 1937, Marcel Carné, ancien assistant de Jacques Feyder : *Jenny, Le Quai des Brumes, Hôtel du Nord, Le Jour se lève.* Marcel Carné est aryen. Mais il a été imprégné de toutes les influences juives, il n'a dû qu'à des Juifs son succès, il a été choyé par eux, tous ses ouvrages ont été tournés sous leur étiquette, en particulier celle du producteur Pressburger. Carné, qui ne manque pas de dons, a été le type du talent enjuivé, à l'exemple de Pabst dans l'Allemagne d'après-guerre. Il a été, en France, le représentant le plus accompli de cet esthétisme marxiste qui est partout un des fruits de la prolifération des Juifs et qu'engendre spontanément la déliquescence politique, financière et spirituelle qui suit toujours la judaïsation d'un État. Berlin le connut de 1919 à 1930. Il sévit aujourd'hui dans le théâtre de cette capitale juive qui s'appelle New-York et commence d'entamer Hollywood. Cet esthétisme est à la fois geignard et brutal. Il prend ses sujets dans la boue et le sang, il les traite avec un naturalisme systématique, qui s'accompagne de symboles sociaux gros de révolte et de haine, sournois et veules aussi, évoquant la besogne destructive du Juif si volontiers nihiliste pour les seuls goyms beaucoup plus que la vaillance de l'insurgé qui se dresse fusil au poing. Les faubourgs lépreux et brumeux qui lui servent de cadre n'exhalent que des sentiments sordides, de fielleuses revendications. Ses héros sont de médiocres assassins, des candidats au suicide, des souteneurs, des filles, des entremetteuses.

Je ne tiens pas boutique de morale. Les vrais artistes doivent être libres de peindre les pires crimes. Mais Carné et ses Juifs ont vautré le cinéma français dans un fatalisme, un déterminisme dégradants. Leurs personnages tuent ou s'abîment dans le vice avec une répugnante aboulie. Le plus grave est que l'auteur veut nous apitoyer sur ces pantins abjects qui nous offrent des hommes une image presque animale, où la volonté n'a plus de part. Comme il n'y a plus de lutte dans ces consciences avachies, flottant au fil d'un destin fangeux, ces soi-disant tragédies sont sans ressort dramatique, elles ont toutes un aspect inachevé et confus. Mais surtout, dans l'immense diffusion du cinéma, ces produits spécifiques du judaïsme ont joué un rôle de dissolvant social, contribué à l'avilissement des esprits et des caractères. Ils ont prolongé sur l'écran, en l'aggravant de tout le pouvoir qu'il possède, la littérature de bas-fonds du Paris-Soir dont le Juif Lazareff était le maître d'œuvres.

Dans ce genre, les metteurs en scène Juifs Cohen, dit Chenal, ou bien Leonid Moguy n'ont même pas eu, comme Carné, l'excuse du talent. Chenal, après avoir débuté en plagiant assez adroitement tout le monde, était passé au plus sordide commerce, au plus bas romantisme de la prostituée et de l'assassin. Dans les films de Léonid Moguy, *Prisons sans barreaux, Conflits, Le Déserteur*, on reconnaissait aussitôt la grossière transposition de la jérémiade fielleuse et de la frousse des vieux ghettos. Léonid Moguy, petit Juif russe, naturalisé grâce à ses amitiés politiques après moins de trois ans de séjour chez nous, se croyait permis de vitupérer, avec quel inénarrable accent, les « sales métèques qui venaient pourrir le cinéma ». Porté par une réclame gigantesque, Léonid Moguy était juste, avant la guerre, le plus demandé des metteurs en scène « français » et ses films aussi niais que vils jouissaient d'une diffusion inépuisable.

AU SERVICE DU BELLICISME JUIF

On n'en finirait pas de dresser ce réquisitoire des Juifs du cinéma. A les entendre, évidemment, les studios de Berlin étaient depuis leur départ dans une complète déconfiture. Pour s'assurer qu'ils ne seraient pas contredits autant que pour tirer une vengeance, ils avaient pratiqué chez nous un boycottage à peu près complet de la production d'outre-Rhin. En nous faisant épouser ainsi une querelle où nous n'avions pas la moindre part, ils nous privaient du spectacle de plusieurs remarquables films que les artistes du Reich ont fort bien réalisés sans eux. — je parle de ceux qui représentent véritablement l'art et l'esprit germaniques, et non des imitations du cinéma américains comme nous avons pu le voir depuis juin 1940 ; ils tarissaient ainsi une source qui avait toujours été pour nous très fructueuse d'échanges commerciaux, d'influences artistiques.

Dans ce domaine comme dans tous les autres, ils travaillaient à aggraver le malentendu, à creuser un fossé infranchissable entre la France et l'Allemagne, à enlever aux Français les meilleurs moyens de connaître leurs voisins.

Plus sournoisement que dans la presse, par crainte des réactions spontanées, les Juifs se servaient encore de nos écrans pour leur politique. Quand les bellicistes anglais eurent décidé de faire à leur «dominion» français l'aumône de quelques amabilités, il se trouva à point nommé deux Juifs pour servir d'entremetteurs à leur propagande pour le cinéma. Le Juif viennois Max Glass, qui n'était même pas naturalisé, produisit à la fin de 1938, *Entente Cordiale*, sur un scénario de l'agent britannique Herzog, dit Maurois. Détail très typique de l'insolence anglaise : le film jugé assez bon pour duper les «Frenchies» ne fut pas autorisé à Londres. Les insulaires auraient mal accueilli quelques allusions cependant bien timorées à un commandant qui s'appelait Marchand. D'autre part, la physionomie qu'on y prêtait à Édouard VII était inadmissible pour un public anglais.

Pendant des années, le cinéma Juif avait véhiculé chez nous tous les poncifs humanitaires, les thèmes les plus agressivement antipatriotiques et antimilitaristes. Mais Israël maintenant choisissait les Français pour soldats de sa cause. Ce fut alors une débauche de films tous financés par les Juifs, d'un chauvinisme aussi redondant qu'avaient été larmoyantes et amollissantes les anciennes bandes.

Par leurs censeurs, les Juifs interdisaient toute velléité de contre-propagande pacifique ou antidémocratique. Ils filtraient, truquaient, tronquaient à leur guise les actualités, les documentaires. Enfin, surtout après Münich, ils répandaient effrontément chez nous les films les plus insultants de la propagande anti-allemande d'Hollywood. Les ministres boutefeux du cabinet Daladier, au mépris de la plus élémentaire. Courtoisie diplomatique, venaient honorer de leur présence ces spectacles.

Dans le ghetto des Champs-Élysées, d'innombrables nez croches se penchaient avidement sur l'Époque, on traduisait en judéo-allemand Kerillis pour les cousins qui venaient de débarquer de Prague. Grâce aux aigrefins Juifs, l'*Ordre* de Buré, l'*Aube* des cafards Gay et Bidault elle-même avaient trouvé des lecteurs.

FIG. 5
Jean-Pierre Philippe Salomon
dit Jean-Pierre Aumont

Doté d'une beauté physique particulièrement avantageuse, il n'a aucun mal à accéder à des rôles de jeunes premiers au cinéma. Jean Cocteau lui confie en 1934 le rôle d'Œdipe dans sa Machine infernale.

CHAPITRE VII

AU BOUT DU ROULEAU

A la veille de la guerre, le cinéma français était moribond. Il s'en allait d'une maladie répugnante, pourrissait par tous les bouts sous le fourmillement des bacilles judaïques.

A son corps défendant, la République avait fini par mettre en prison, dans les derniers jours de 1938, Bernard Natan et ses acolytes, Cerf et Johannidès. On attendait depuis une éternité cette opération de police. Comme je l'ai déjà dit, la première plainte contre Natan remontait à 1931, et le réquisitoire d'instruction datait du 5 février 1932. Cette instruction avait été réglée par un réquisitoire du 6 juin 1936, après un délai de quatre ans... L'affaire était aussitôt renvoyée en correctionnelle. Portée devant la XIe Chambre avec un retard de six mois, elle devait être remise sept fois avant l'arrestation de Natan. On peut dire que les politiciens, les magistrats, les journalistes marrons qui paralysèrent ainsi la justice ont été plus coupables que l'escroc lui même. C'est grâce à leur complicité que ses déprédations avaient pu s'étendre jusqu'à former dans la vie financière du pays un énorme cancer. Chaque mois de liberté accordé à Natan depuis 1934, c'étaient des dizaines de millions nouveaux volés à la fortune de la France. Le coquin était moins odieux que les affairistes, les maîtres-chanteurs dont il lui fallait se couvrir, qui le pillaient comme il avait pillé les autres et se faisaient ses garants pour conserver leurs infâmes revenus.

En se résignant à mettre Natan sous les verrous, on fixait bien entendu des limites aussi étroites que possible à la curiosité de ses juges. L'enquête, la condamnation qui suivit ne devaient porter que sur un chapitre dérisoire de son monumental passif. L'affaire Natan reste à instruire. On en retrouvera les principaux malfaiteurs mélangés à beaucoup d'autres scandales quand on se décidera enfin à ouvrir le grand procès de la démocratie.

N'oublions pas que lorsque les portes de la Santé se refermèrent sur Natan, toutes les feuilles qui, telles Paris-Soir, s'étaient engraissées de sa publicité, déballèrent leur grand jeu d'épithètes et de détails croustilleux pour décrire son ignominie. Mais il ne se trouva pas trois journaux en France pour dire que Natan et Cerf étaient des Juifs.'

LE CINÉMA JUIF FAIT LA GUERRE

Dès le printemps 1939, quelques youtres parmi les plus poltrons, sentant venir l'orage, prenaient le paquebot pour New-York après avoir raflé ce qui restait dans leur caisse et poussé quelques dernières clameurs belliqueuses.

Au mois d'août on vit détaler entre autres les Umansky père et fils, arrogants margoulins qui avaient déjà fait plusieurs faillites frauduleuses dans la bonneterie avant de s'attribuer les salles les plus élégantes des Champs-Elysées.

Les fascicules de mobilisation, les avant-postes, la paille moisie des cantonnements et les dix sous par jour ne concernaient pas, cela va de soi, les Juifs du cinéma. Une des bonnes surprises réservées aux permissionnaires boueux, ce fut de les retrouver presque au complet, sous les lumières bleues de la guerre, du Rond-Point jusqu'à l'Étoile. Les très rares spécimens de l'espèce qui avaient dû revêtir le kaki garaient leurs os dans les plus sûres embusques, tel le jeune Jean-Pierre Aumont lequel poussait, sous un délicieux uniforme, les portes de l'Hôtel Continental devant MM. Les censeurs.

Après quelques mois d'incertitude, le cinéma son tour

s'installait dans cette confortable guerre Daladier, qui devait durer, bénigne et débonnaire, jusqu'à te que l'orgueilleuse Home-Fleet fît serrer le dernier cran de leur ceinture aux méchants diables nazis. M. Rabinovitch élisait domicile du côté de l'Estérel. Il remuait le vaste dessein de constituer par là un Hollywood français. Il convoquait les reporters. On le photographiait flanqué de vedettes en costumes de bains tahitiens. Les dépôts d'infanterie rappelaient les trépanés de Verdun, mais on distribuait par brassées les affectations spéciales au titre du « septième art ». Les Juifs combattaient valeureusement dans les « tranchées du moral », en fabriquant pour commencer *« Après Mein Kamp, mes crimes »*, grossier montage qui prétendait être une biographie de Hitler, avec l'éminente collaboration du Cardinal Verdier, lequel s'y produisait dans un sketche-sermon pieusement antiraciste.

Au mois de février 1940 enfin, les boulevards voyaient le clou de la grande parade juive.

On y ouvrait une nouvelle salle, avec l'affiche suivante :

Le Cinéma *Le Français* — Théâtre Jacques Haïk
Direction Siritzki
Fait son inauguration avec

Sans lendemain
Film de Max Ophüls
Production Rabinovitch.

CEUX QUI S'ACCROCHENT

Que fut-il advenu du cinéma judéo-français sans la guerre ? Pendant combien de temps encore son indécent gâchis aurait-il pu se prolonger avant le krack inévitable ?

La question importe peu. Ce cinéma, comme le régime dont il était un affreux champignon, ne pouvait disparaître que dans une catastrophe rapide et décisive. Nos faiblesses, nos lâchetés, nos atermoiements criminels ont voulu que cette catastrophe fût militaire et qu'elle bouleversât tout notre pays.

Les Juifs du cinéma, à l'heure où j'achève ce petit tableau de leur espèce, ont l'audace et l'inconscience de ne pas s'avouer encore battus. Quelques-uns, à l'aide de passeports truqués, ont eu le front de regagner Paris, de s'afficher dans les coulisses, d'organiser même des spectacles de théâtre. La plupart ont pris leurs quartiers sur la Côte d'Azur. Tandis que les Parisiens se serrent le ventre, ces pirates festoient au soleil avec leur butin. Ils se prélassent dans les plus belles villas. Osso et Rabinovitch font tous les soirs des bancos astronomiques. Schiffrin promène de Marseille à Cannes la liste des chrétiens du cinéma à fusiller — parfaitement ! — quand la tribu rentrera triomphalement à Paris derrière les bataillons du général de Gaulle. Car on est gaulliste à fond chez ces messieurs, et les chèques de l'Intelligente Service ont déjà redoré parmi eux plus d'un budget défaillant.

LA PLUS SIMPLE DES CONCLUSIONS

Dans la collection où paraît cette brochure, le Dr Querrioux, étudiant un autre secteur de l'invasion juive, la médecine, a reproduit tous les textes législatifs destinés dans le principe à l'endiguer. Leur ensemble est imposant. Le Dr Querrioux doit pourtant conclure qu'ils n'ont encore abouti, même les plus récents signés en août 1940, à aucun résultat appréciable.

En théorie aussi, toute activité cinématographique est interdite aux Juifs. Ils ne paraissent pas en concevoir de bien vives alarmes. Ils se sentent rassurés par les complices officiels qu'ils possèdent toujours. Ils n'ignorent pas que la plupart des rescrits lancés à Vichy ne sont guère que des satisfactions morales accordées aux Français les plus lucides et les plus honnêtes, des symboles d'une restauration nationale que l'on maintient prudemment dans le domaine des idéaux et des commodités métaphysiques. Les Juifs ont vite fait de trouver la parade à ces pieuses abstractions, et ils l'ont déjà montré.

Dans les loisirs que leur laisse la propagande anglaise, ils ont recommencé à .échafauder entre eux de mirifiques combinaisons. Ils rêvent tous de recruter un nombre suffisant d'hommes de pailles. Ils en ont déjà trouvés par douzaines... Certains se font même forts de posséder assez d'appuis officieux dans les alentours de l'Hôtel du Parc pour pouvoir œuvrer eux-mêmes. Ne raconte-t-on pas qu'un nommé Michel Salkind, Juif russe non naturalisé, ayant derrière lui une longue suite d'escroqueries, se verrait d'ores et déjà chargé de vendre à l'étranger toute une part de la future production française ? Est-il vrai que les sieurs Rabinovitch et Emile Natan sont les associés de leur cher ami Jean Prouvost qui est en passe de devenir à Cannes le nouveau magnat du cinéma ?

Dans le Comité d'organisation de l'industrie cinématographique, créé cet hiver, on trouve quelques hommes de métier et d'une réelle valeur. Mais il compte beaucoup trop de fonctionnaires, de distingués théoriciens des finances et de l'économie politique, les uns et les autres ignorant le premier mot des choses et du monde du cinéma, et malheureusement si sûrs de leurs talents et de leurs calculs qu'ils semblent bien incapables de combler leurs lacunes, de s'initier à quelque réalité que ce soit.

Ces novices ne paraissent pas devoir être pour les Juifs des adversaires bien redoutables. L'ensemble de la question juive échappe à la plupart d'entre eux. Ils représentent encore trop la vieille bourgeoisie libérale qui a été chez nous le meilleur marchepied d'Israël qu'ils traitent du reste avec les Aryens ou les Juifs, leurs préférences vont jusqu'ici infailliblement aux pires médiocrités.

Jusqu'à présent, le plus clair de ce qui a été fait pratiquement contre les Juifs, ce sont ces pancartes annonçant dans Paris un *Deutschen Soldaten-Kino*, le Reich menant ses troupiers se divertir entre ces murs où s'étalaient, il n'y a pas une année, les noms de ses ennemis jurés, dans les palaces des Haïk et des Natan.

Symbole aussi, mais qu'une réalité combien pondérable accompagne ! Il nous inspire l'amer regret que nous n'ayons pas été capables nous-mêmes de ce geste vengeur et décisif, que l'exemple nous en ait été donné par l'étranger.

Mais il nous reste une autre tâche, qui a son mérite, où nous pouvons marquer notre volonté : celle de donner corps et vigueur à la loi. Nous possédons désormais contre les Juifs du cinéma des décrets de papier dont l'intention est louable. Il importe de les compléter, et de passer enfin à leur application.

Nous avons à accomplir pour la reconstruction de notre cinéma une œuvre positive qui n'est pas petite. A l'anarchie précédente, aux funestes mœurs implantées avant tout par les Juifs et qui pourraient survivre à leur hégémonie, il faut absolument opposer un organisme cohérent et solide. Il faut doter le cinéma français d'un système de crédit qui abolisse le' financement à la petite semaine, qui fasse de ce cinéma une entreprise viable, rentable, assise. Le problème a déjà fait l'objet d'études suffisamment sérieuses pour qu'on puisse sans retard lui donner une base pratique.

Il est bon de songer aussi à regrouper quelques artistes qui nous sont très utiles. Plusieurs de nos metteurs en scène, parmi les plus doués, ont pris un peu trop facilement prétexte de nos revers, de nos difficultés, de l'arrêt complet de notre production pour gagner Hollywood et y satisfaire à des contrats qui n'avaient pas été jusque-là réellement impérieux. L'un d'eux, René Clair, a été frappé d'une sanction excessive et arbitraire, inspirée davantage par des jalousies de métier que par le souci de la justice, et qu'il a bientôt fallu rapporter. Plutôt que de commettre d'aussi fâcheuses erreurs, il vaudrait infiniment mieux faire savoir à ces hommes que l'on a besoin d'eux, leur indiquer leur devoir, qui est de se remettre au travail dans leur patrie. S'ils se refusaient à y répondre, on pourrait alors estimer qu'ils renoncent implicitement à leur titre de Français.

Mais quoique l'on entreprenne ou décide en faveur du cinéma français, il faut d'abord le désenjuiver. Je pense avoir suffisamment montré que c'est la première condition de sa renaissance possible.

Le problème est très simple et très net. Il faudra tôt ou tard chasser de notre sol plusieurs centaines de milliers de Juifs, en commençant par les Juifs sans papiers réguliers, les non-naturalisés, les plus fraîchement débarqués, ceux dont la malfaisance politique ou financière est la plus manifeste, c'est-à-dire la quasi-totalité des Juifs de cinéma. Au préalable, on aura désigné ceux pour qui l'exil serait une peine par trop bénigne et qui ont à s'acquitter en prison au moins d'une sorte de dette. En attendant, le cinéma français tout entier, de la production au tirage des films ou à l'exploitation de la plus petite salle doit être inexorablement et définitivement fermé à tous les Juifs, sans distinction de qualité ni d'origine. On doit pourchasser par un contrôle rigoureux et permanent les prête-noms qu'ils pourraient racoler, et les frapper, une fois découverts, du même ostracisme que les Juifs. Il importe peu que cette conclusion paraisse sommaire à certains délicats. Les snobs et les esthètes n'ont rien à voir dans les opérations de police. Il n'y a surtout pas de Juif à excepter pour « services éminents ». Le Juif de cinéma le plus doué n'a pu manquer de servir ses coreligionnaires, et ses talents, quels qu'ils soient, sont de peu de poids auprès des méfaits dont il a été le complice.

Dussions-nous nous priver du génie de dix Juifs et fermer nos studios pendant de longs mois, si à ce prix nous rendons la vie à un cinéma vraiment national, nous aurons encore réalisé une excellente affaire et nous pourrons nous féliciter de notre sagesse.

LE THÉÂTRE JUIF

Auprès de la gigantesque entreprise de brigandage et de corruption dont je viens d'esquisser les grands traits, la question juive au théâtre apparaît de proportions presque modestes.

Ce n'était pas l'avis du vieil Édouard Drumont lorsqu'il écrivait en 1885 que « tous les théâtres de Paris étaient aux mains des Juifs ». Nous qui avons connu un Paris dix fois plus enjuivé que le sien, nous sommes tentés que trouver un peu excessifs les cris d'indignation de sa *France Juive*. A vrai dire, Drumont n'a jamais rien exagéré. Il était un des rares aryens de son temps — où l'antisémitisme traditionnel des Français sommeillait, engourdi par l'essor du libéralisme et de la démocratie bourgeoise — qui ait su descendre dans tous les replis de l'âme juive, en deviner tous les instincts, toutes les ruses, tous les appétits. C'est ce qui fait de *La France Juive* une œuvre d'une si durable vérité. Fort d'une pareille connaissance, Drumont sut prévoir tout le règne des Juifs en France, et son infatigable imagination lui en mit sous les yeux toutes les réalités. Seuls, les documents, les événements auxquels il se réfère nous paraissent un peu anodins, maintenant que nous avons passé par l'ère des Natan, des Blum et des Mandel.

La liste dressée par Drumont, si elle pâlit auprès de celle de notre « septième art », est cependant assez belle déjà, avec ses Koning, ses Simon, ses Mayer, Maurice Bernhardt, Godchau, Bernard Ulmann, Schurman, Maurice Strakosch, Vaucorbeil (déjà !) comme directeur de théâtre ou *impresarii*, ses Wolff, Millaud (Juif provençal comme le musicien Darius Milhaud d'aujourd'hui), Mortje dit Mortier, Juif hollandais, Hector Crémieux, Dreyfus, Ernest Blum, tous bien oubliés, mais qui comptaient parmi les premiers auteurs à succès du temps.

DEUXIÈME PARTIE

CHAPITRE PREMIER

LE BOULEVARD JUIF

Il était fatal que le théâtre, avec ses rapides profits, le tapage qui l'accompagne, les fausses gloires qu'il gonfle si aisément, son action directe sur le public, attirât invinciblement les Juifs. Mais la grande époque du théâtre Juif se situe un peu après la parution du fameux bouquin de Drumont, entre 1890 et 1914.

Jamais peut-être le théâtre n'a tenu dans la vie de Paris une place plus considérable que pendant ces vingt-cinq années-là. Beaucoup de nos aînés en ont conservé le souvenir. Politique, religion, histoire, style, goût, tout se prolongeait, se débattait sur la scène, y trouvait son épanouissement et sa consécration. De ce « théâââtre » aux trois accents circonflexes, dont on nous a tant rebattu les oreilles depuis l'essor du cinéma, il reste bien peu d'œuvres durables. Son déchet est immense, au regard du bruit qu'il fit. La « pièce », que l'on a si souvent opposée au film pour écraser ce dernier, n'a été ni plus ni moins éphémère que lui. Ce quart de siècle ne fut pas un âge d'or, mais l'âge du bronze ou du zinc d'art et du toc. Il a beaucoup plus gâté que servi le théâtre tout court, le théâtre éternel.

Les Juifs ont joué dans ce triomphe et cette prospérité factices un rôle considérable, pour ne pas dire capital. Saison par saison, ils prenaient pied davantage sur la scène française. Leur invasion procédait évidemment avec moins de grossièreté que celle des youtres de ghetto qui ont saccagé notre cinéma. Mais on peut dire que leur rôle a été à peine moins désastreux si l'on admet que le théâtre tient encore dans la pensée et le patrimoine d'un peuple une part plus grande que le cinéma.

Ce rôle a surtout consisté dans la fabrication, par les soins des Juifs eux-mêmes, de faux grands hommes Juifs.

Une des dates importantes de cette judaïsation fut la première (1891) d'*Amoureuse* de Porto-Riche, Juif séphardim militant, natif de Bordeaux. Dans *Amoureuse* et dans la longue série de pièces qui lui fit suite, tous les débats de la chair et du cœur sont réduits à une chiennerie, une brutale fièvre du sexe, déguisées sous des ambitions à la psychologie. Aujourd'hui, de sang-froid, on ne trouve plus qu'un seul qualificatif pour Porto-Riche : cela est faux. Il n'y a pour ainsi dire pas une parcelle de vérité humaine dans ces drames où l'arbitraire dirige tout, les caractères comme les péripéties qui font pivoter les personnages au défi de la plus modeste vraisemblance.

Ce théâtre apparaît aujourd'hui désuet presque jusqu'au ridicule. On a fini par comprendre combien son dialogue est affreux et artificiel. Dans ces platitudes ampoulées, qui veulent singer le réalisme et ne parviennent qu'à être à la fois la négation du style et du naturel, on sait reconnaître l'imitation directe d'Alexandre Dumas fils, négroïde aussi impur dans sa ridicule prose que par son sang. Le Juif était allé d'instinct à ce qu'il y avait de plus bâtard dans notre théâtre.

Toutes les boursouflures, toutes les grossièretés, tous les trucs de Bernstein et d'Alfred Savoir, ces Juifs judaïssimes, sont déjà contenus dans *Georges* de Porto-Riche. Et cependant, presque tout Porto-Riche était passé au répertoire de la Comédie-Française. Auprès de Molière, de Beaumarchais, de Musset, cela prétendait représenter l'apport de notre temps. Il est assez curieux d'observer que les interprètes attitrés d'*Amoureuse*, créée par Bruschwig dite Brandès, étaient Alexandre et Roger Monteaux. Ces Juifs s'y ébrouaient comme dans leur élément favori.

Sans doute, une virtuosité indiscutable dans le maniement

des ficelles pouvait faire illusion sur les premiers spectateurs de Porto-Riche. Mais ce furent les Juifs qui organisèrent sa gloire, qui le hissèrent sur un sommet quasi-sacré, d'où il est du reste dégringolé sitôt mort. Je me rappelle un programme de concert où Einstein le relativiste, qui se pique aussi de mélomanie, disait tout simplement, à propos de je ne sais plus quel violoneux judéo-russe :

« *Celui-là est vraiment un envoyé de Dieu.* »

Tel est le style familier du Juif parlant d'un Juif. Pour Porto-Riche, Israël se contenta modestement d'en faire le « Racine Juif », étant bien entendu qu'il avait sur celui de la Ferté-Milon de notoires supériorités.

Blum, le nôtre, le cher Léon soi-même, qui fut vingt ans durant autant littérateur que politicien, était incomparable dans ces travaux publicitaires. Il excellait à les habiller de toutes les déliquescences d'un esthète 1900, de toutes ces arguties retorses qui sont l'héritage atavique des rabbins, de ce luxe pharamineux d'hyperboles qui sont des dégénérescences bibliques et talmudiques. Blum tenait le feuilleton du *Gil-Blas*, puis de *Comœdia*, puis de l'Humanité des douze banquiers Juifs. Blum, jouant coquettement d'un jonc à pomme d'or, était une des vedettes de chaque grande première, un aristarque écouté et qui tranchait de très haut, et toujours et d'abord en faveur du Juif quel qu'il fût.

L'indécente frénésie de ce judaïsme exaspérait Jules Renard lui-même, le plus têtu pourtant des dreyfusards. Dans son inépuisable et admirable *Journal*, son irritation de pur Morvandiau transparaît clairement et grandit à chaque rencontre nouvelle de Blum. Il retrace à la fin ce dialogue avec Capus :

« *Blum nous fait bien rire quand il nous dit qu*'Amoureuse *a eu de l'influence sur nous. C'est une pièce que nous avons à peine vue et pas même lue. Seulement, c'est une pièce de Juif. Ils se serrent autour d'elle comme des Juifs.*

— Qu'est-ce qui les attire ?

— Je ne sais pas. Une odeur... »

☨

Toute la juiverie de théâtre et de littérature avait pour chapelle *La Revue Blanche*, où les trois Natanson, Alexandre, Thadée et Fred tenaient un consistoire permanent où l'on menait de front la défense esthétique de la race, la propagande marxiste et l'examen des cours de Bourse.

Jusqu'en 1890, le prince de la critique juive avait été Albert Wolff, hébreu de Cologne qui profita de la défaite de 1871 pour se faire naturaliser, sans doute en qualité d'Alsacien, touche-à-tout obtus dont certains éreintages sur les chefs-d'œuvre de l'impressionnisme pictural et du théâtre lyrique français ont gagné par leur niaiserie une' espèce d'immortalité.

Il avait eu pour successeur Henry Bauer, le père du Guermantes (Gérard Bauer) du judaïssime *Figaro* d'aujourd'hui, Juif communard, et littérateur au-dessous du médiocre.

Une des méthodes dont les Juifs usaient volontiers était de cumuler le métier d'auteur dramatique et celui de critique, en multipliant ainsi leurs combinaisons, en tenant toutes les avenues du monde du théâtre. C'est de cette manière que des polygraphes inexistants, tels que Fernand Weyl, alias Nozière, alias Guy Launay ont pu parvenir à la notoriété et à la fortune.

Mais ces manœuvres étaient à peine nécessaires. Depuis l'affaire Dreyfus, prétexte choisi par Israël et compliqué, embrouillé avec un art consommé pour dissocier l'antisémitisme grandissant, la moitié des naïfs aryens de France militait en faveur des Juifs au nom de l'égalité et de la justice. A Paris, chez les intellectuels et dans la bourgeoisie riche, c'était du fanatisme, excité encore par les contre-offensives tardives mais vigoureuses des partis nationaux. On allait applaudir l'ours du moindre plagiaire Juif par devoir, pour accomplir un rite, pour affirmer ses convictions.

On sait quel parti les Juifs ont su en tirer dans tous les domaines. Pour le théâtre, c'est du triomphe officiel des dreyfusards, entre 1900 et 1914, qu'a daté l'ascension ou la consécration de tous les auteurs Juifs qui sont nos contemporains immédiats : Henri Bernstein, le Juif polonais Posznanski dit Alfred Savoir, le Juif bruxellois Wiener dit Francis de Croisset, pédéraste d'une exaspérante fatuité, Tristan Bernard qui plus malin et prudent s'est tenu dans un genre d'ironie à fleur de peau, mais personnage ultra-judaïque durant toute sa carrière et dont les emprunts à autrui sont innombrables, Edmond Sée, le néant coiffé du feutre socialiste, le judéo-allemand Pierre Wolff, le neveu d'Albert, vaudevilliste stupidement graveleux, René Weill, Romain Coolus, Max Maurey, grossier et infatigable fabricant.

Autour de ces « rois de la scène » gravitaient, en usurpant encore une beaucoup trop belle réputation, un André Picard, un Ferdinand Bloch, un Alfred Mortier, Juif allemand cousin du hollandais Mortje, mari Ide l'ineffable Aurel, qui faisait dans le pompiérisme de grand art et le sacerdoce théâtral.

La puissance juive était à ce point qu'un peu avant la guerre, la Comédie-Française jouait la première pièce d'un gamin de dix-huit ans, fait sans précédent dans sa longue histoire, parce que ce jouvenceau aussi fat que dépourvu de talent, frère du singe Betove, se nommait André Lévy, dit Arnyvelde.

FIG. 6

Henri Bernstein,
dramaturge français du théâtre de boulevard

« ...Je suis très content d'être Juif. Je crois fortement que le surcroît de vie que l'on nomme tempérament et qui fait l'artiste, je le dois à mes origines. »
(Préface à Israël, en 1908.)

À la recherche d'un modèle d'homosexuelle compréhensible pour le public du théâtre du Gymnase, le théâtre de Bernstein anticipe les mutations de la société française.

Photographie de G. Larcher « *Le détour* »,
Comœdia, n° 1841, 16 octobre 1912, p. 1

CHAPITRE II

LE THÉÂTRE NE PAYE PLUS

Après la grande guerre, le théâtre a cessé d'exercer sa fascination sur les Juifs. Il devenait d'un rapport trop modeste auprès de la terre promise qu'ouvrait le cinéma. Les Juifs comparèrent, soupesèrent, calculèrent et eurent vite fait leur choix. J'ai montré dans la première partie de ce petit livre comment le cinéma a payé cette soudaine prédilection.

De 1919 à 1939, le théâtre Juif de Paris a surtout consisté en situations acquises, somptueuses et de tout repos, occupées par une tribu confortable et gavée d'honneurs.

Max Maurey, dès avant 1914, se tournait vers le métier de directeur et ses pièces n'ont jamais été pour ce chacal qu'un moyen d'asseoir son nom dans des affaires qu'il a toujours traitées avec une fourberie et une duplicité insurpassables. Le vaste zéro Edmond Sée a pris sa retraite, comme on l'a déjà vu, dans la sinécure de censeur suprême du cinéma qu'il remplissait encore il n'y a pas un an. Pierre Wolff, après avoir été, s'il vous plaît, président de la Société des auteurs dramatiques, puis directeur du Vaudeville, a daigné condescendre jusqu'au journalisme. Il était durant toutes ces dernières années, l'un des dignes ornements de *Paris-Soir*. Il y jugeait du cinéma avec une suffisance imbécile, célébrant le navet youtre dans un style auprès duquel celui de Paul Reboux semble d'un vrai Voltaire.

Après la déclaration de la guerre absurde, nous avons pu voir ce Juif allemand, ce cacographe ordurier faire ronfler ses couplets héroïques et moralisateurs, en concert avec tous les bellicistes de l'illustre maison Prouvost.

Porto-Riche, mort en 1930, Alfred Savoir, mort en 1934, Croisset enfin n'ont pas eu de successeurs.

Par contre, on a assisté dans le même temps à une prolifération de tenanciers et de maquignons Juifs dans tout le théâtre parisien. Il serait fastidieux de suivre ces directions dans leurs nombreux déménagements. Les plus importantes ont été celles de Benoît-Léon Deutsch, tenant d'une patte les Nouveautés et de l'autre le Saint-Georges, de Max Viterbo à l'Empire, de Maurey aux Variétés, de Sayag aux Ambassadeurs, de Maurice Lehmann au Châtelet. Un Juif roumain, Goldin, propriétaire de l'A.B.C. Auquel il avait ajouté dans la suite Mogador, était depuis 1933 l'un des personnages les plus considérables du music-hall parisien. Il y poussait une foule de congénères, entre autres ces deux fruits du ghetto, ces deux exemples achevés de la grimace et de l'hystérie juives, la pollacke Marie Dubas, la guenon judéo-allemande Marianne Oswald. A la tête de l'Odéon, la République avait mis le Juif Pol Abram. L'un des Rothschild, qui s'acharnait à signer sous le pseudonyme d'André Pascal de mornes pannes, avait imaginé, pour qu'on les jouât enfin, de se faire construire un théâtre, le Pigalle, digne de la royauté de la famille. Mais la chose était tout de même un peu trop provocante, même pour l'apathie des Parisiens. Le nom des Rothschild a porté au Pigalle une guigne absolument invincible. Avec une des salles les plus cossues de Paris et l'une des machineries les plus parfaites d'Europe, le Pigalle, toujours désert, a dû passer burlesquement au cinéma. Les Rothschild y firent projeter une série des plus farouches films soviétiques. Mais la recette resta dérisoire. Le concert symphonique, les variétés, l'opérette n'y eurent pas plus de bonheur. Le Pigalle ne nous a laissé qu'un beau souvenir : une exposition de plus de trente Chardin, décrochés pour quelques semaines des collections de la dynastie. J'aimerais bien savoir que toutes mesures ont été prises pour faire rentrer enfin ces perles dans notre patrimoine, aux murs de nos musées français.

Je dois au moins désigner au passage la bande juive des impresarii, des marchands en comédiens, entre autres des « agents lyriques » qui racolaient pour le compte des cabarets et des music-hall et dont certains, d'un judaïsme patent et arrogant, continuent encore aujourd'hui sous une vague couverture leur métier dans Paris. Dans les cas les moins pendables, ces citoyens et ces citoyennes ont réalisé le type accompli de l'intermédiaire insatiable, écumeurs et parasites du métier d'acteurs, exploitant aussi scandaleusement le premier rôle que le figurant, jetant des interdits à leur gré, spéculant sur des artistes comme sur une valeur en Bourse, faisant, selon leurs besoins, la subite carrière d'une vedette en baudruche, ou étouffant un vrai talent. Pour le reste, ils ont le plus souvent secondé la traite des blanches, fourni à toutes les formes de prostitution clandestine de la danseuse, de la choriste ou de l'inverti.

FIG. 7

Henri Bernstein,
dramaturge français du théâtre de boulevard

 *Ces succès :* La Rafale, La Griffe, Le Voleur, Samson. *Des sujets charmants : femme qui se vend pour payer les dettes de jeu de son amant, un financier contraint de se ruiner pour entraîner dans sa chute l'homme qui couche avec sa femme. Le tout dans un dialogue qui est une déjection d'adjectifs ivres, vociférés par des mannequins en son mais qui ont un mégaphone dans le ventre et une gesticulation de fous en pleine crise.*

CHAPITRE III

BERNSTEIN

Mais le théâtre Juif de l'entre-deux guerres comprend un personnage essentiel, qui pourrait à lui seul résumer tout le théâtre Juif en France. C'est Henry Bernstein.

On ne peut rêver carrière juive plus magnifiquement remplie.

A 24 ans, en 1900, le jeune Bernstein part soldat. Est-il tolérable qu'on inflige une telle géhenne à un Juif en pleine victoire des dreyfusards, au moment où les antimilitaristes ont à leurs ordres jusqu'au grand état-major de l'armée, surtout quand ce Juif est, sans contredit, un des enfants élus d'Israël et que le premier vent de la gloire vient de caresser son front ? Henry Bernstein, en tout cas, n'est pas homme à supporter un pareil opprobre. Après sept mois de service (quelle longanimité !), il déserte, file à Bruxelles. Il y dépêche à ses amis parisiens des lettres où il proclame le juste orgueil de son exploit, en couvrant d'immondices l'armée française tout entière.

La France ne saurait, pour cette innocente bagatelle, se priver d'un génie naissant. C'est ce que la comédienne juive Simone ne tarde pas à faire comprendre au T∴ C∴ F∴ ministre de la Guerre, le Général André. Avec un sourire paternel, il autorise Bernstein à rentrer à Paris tête haute. Il est dispensé des dix-sept mois de service qui lui restaient à accomplir. C'est bien la moindre des récompenses après la leçon qu'il vient d'administrer au vil bétail des conscrits aryens.

Bernstein vole de succès en succès : *La Rafale, La Griffe, Le Voleur, Samson*. Des sujets charmants : femme qui se vend pour payer les dettes de jeu de son amant, un financier contraint de se ruiner pour entraîner dans sa chute l'homme qui couche avec sa femme. Le tout dans un dialogue qui est une déjection d'adjectifs ivres, vociférés par des mannequins en son mais qui ont un mégaphone dans le ventre et une gesticulation de fous en pleine crise.

Un critique pourtant enjuivé jusqu'aux moelles, le marxiste René Lalou, écrira plus tard que «ces héros sont des croquemitaines pour grands enfants». Mais les grands enfants sont innombrables et ne se lassent pas de frissonner d'enthousiasme devant ce guignol frénétique et fangeux. Cela devient du délire lorsque Bernstein corse la péripétie d'une démonstration de la surhumanité des Juifs, et s'émerveille lui-même d'être une des têtes sublimes du peuple suzerain :

> «...*Je suis très content d'être Juif. Je crois fortement que le surcroît de vie que l'on nomme tempérament et qui fait l'artiste, je le dois à mes origines.*»
>
> (Préface à *Israël*, en 1908.)

Un épisode fâcheux. En 1911, à trente-cinq ans, Bernstein voit s'ouvrir devant lui la comédie française qui n'a voulu laisser à aucun autre théâtre le soin de créer son nouveau chef-d'œuvre, *Après moi*. Mais les antisémites, entraînés par les camelots du roi qui sont dans tout le feu de leurs idées et de leur âge, ont résolu d'interdire cette consécration. La veille de la représentation, toutes les colonnes de Paris sont couvertes de cette affiche : «Comédie-Française, première du Juif déserteur».

Tout le Quartier Latin est convié à la fête. Le vieux et solennel théâtre voit se dérouler d'inénarrables chahuts. Lorsque le héros prend un revolver pour un suicide qui ne doit pas avoir lieu, un étudiant s'écrie du parterre :

« *Rassurez-vous, il ne tirera pas.* »

Le lendemain soir, à cette minute pathétique, une formidable détonation retentit. Un camelot du roi a brisé une ampoule électrique. Les comédiens sont pantois et la salle meurt de rire. Lorsque Le Bargy tord les poignets de Bartet, une énorme crécelle fait retentir un bruit que, dans sa géniale audace, Bernstein n'avait pourtant pas prévu : celui des os qui craquent. Il faut vingt fois baisser le rideau sur les interprètes affolés. Et pendant que les flics hagards chargent au petit bonheur parmi les spectateurs qui hurlent ou s'esclaffent, pour mettre le comble à la confusion et au vacarme, vingt étudiants barricadés dans une loge sonnent à pleins poumons un charivari d'apocalypse dans des cornes d'ivoire qui rendent un mugissement à vous glacer le sang.

Le théâtre est chaque soir entouré d'un prodigieux déploiement de gardes et de police. Des bagarres homériques se déroulent aux abords. On arrête à tours de bras. Léon Daudet, traîné par son cache-nez chez le commissaire, est à demi-étranglé. Mais les manifestants reviennent trois fois plus nombreux. L'affiche du Juif déserteur, dans la couleur jaune, le format et les caractères réglementaires apparaît à la porte même du Français, remplaçant sous sa grille le placard officiel. Bernstein recule enfin devant l'odieux et le ridicule et se voit contraint de retirer sa pièce honteusement.

Une dizaine de chahuts aussi magistralement conduits auraient sans doute réglé la question juive au théâtre beaucoup plus sûrement que de pompeux décrets. Mais le Quartier Latin ne récidiva pas. Sur le boulevard, dès l'année suivante, Bernstein retrouvait son parterre d'imbéciles qui le lavaient de l'injure par des bravos redoublés.

✠

Bernstein fait la guerre, le ventre à la table des popotes d'état-major les mieux embusquées. Il lui faut à tout prix une citation. Il la décroche à l'armée de Salonique, sous le F∴ Sarrail, moyennant un vol d'un quart d'heure au-dessus des Bulgares, à une vertigineuse altitude, ficelé au fond d'une carlingue dont on le retirera vert d'effroi.

Désormais, c'est un homme nouveau. L'ancien dreyfusard, tout en continuant à déjeuner chez Blum, se ménage ses entrées dans les salons de la réaction. Il prend la vedette dans les grands journaux bourgeois de droite, tel Candide. Il s'y étale à son aise auprès d'Henry Bordeaux. On se perd à chiffrer les millions qu'il a ramassés. Bernstein empoche bien les dividendes des films qu'on tire de ses pièces. Mais il reste au théâtre, parce qu'il faut toujours un roi du théâtre. Qui serait-ce, hormis lui ? Ses mélos se succèdent, toujours aussi creux, aussi souillés, aussi épileptiques. Mais la critique qui sait tout découvre dans son art des évolutions. Elle en décrit les courbes avec une savante déférence. M. Bernstein, après avoir d'abord tout consacré à son don du mouvement, pousse maintenant ses sujets en profondeur. Il fouille ses caractères et il les amplifie. Le grand mâle fougueux se charge de pensée. Et pourtant il n'a rien perdu de sa force. Il génialise dans toutes les dimensions. C'est miraculeux. C'est du théâtre. C'est LE THÉÂTRE. Il ne reste plus qu'à saluer très bas.

Léon Daudet, débonnaire, a bien voulu se réconcilier avec le grand ami de M. Arthème Fayard. Il a même demandé à l'acerbe Dubech, le critique dramatique de l'Action Française, d'avoir pour lui le silence si l'affabilité ne se peut. Et Dubech, qui abomine Bernstein, rentre ses griffes, et s'il grince des dents, il s'applique à ce que cela ne s'entende point. Il ne reste plus un homme libre au monde pour troubler l'apothéose de M. Henry Bernstein.

L'illustre dramaturge atteint la plénitude de la maturité. Il possède son théâtre, le Gymnase. Le jour où celui-ci ne rapporte plus assez à son gré, il jette son dévolu sur les Ambassadeurs. Deux aryens, Jean Cocteau et Roger Capgras, que je ne donne certes point pour exemple des vertus cardinales, ont l'infortune de s'y être installés. M. Bernstein les en déloge par une procédure d'une brutalité et d'une déloyauté inouïes. On est roi ou on ne l'est pas.

Dans un seul journal, *Je Suis Partout*, un homme, Alain Laubreaux, ose rompre le concert d'admiration qui accompagne les pas de ce souverain, lui décocher des vérités rudes et vengeresses. Devant ce crime de lèse-majesté, M. Bernstein reste d'abord interdit. Puis il éclate d'une fureur olympienne. Il lui faut séance tenante la tête du sacrilège. Il mobilise tous les recors et tous les huissiers de la capitale pour le traduire en justice. Il voudrait que son nom fût effacé de la presse française à jamais.

Il ameute tout Paris quand il change de maîtresse. Mais sur la scène, il touche la corde familiale et patriotique. Il vante le sol et le foyer aux jeunes générations. Puis, son pas majestueux résonne à nouveau dans l'arène politique. Les fascismes attentent aux libertés humaines. Pas de ça chez nous. La guerre plutôt. Le grand mâle ne la redoute pas. Il l'appelle. Il l'exige. La voilà. Bravo ! On va se battre. Sans un regard en arrière, M. Bernstein s'engage dans le corps franc de *Paris-Soir*. Fort de ce noble geste, M. Bernstein a le nationalisme impérieux. On sent tout de suite qu'il n'aime pas cette drôle de guerre où les soldats font tant de façons pour se faire tuer. Ah ! ça, les Français n'ont-ils plus rien dans les veines ? Eh bien ! qu'ils laissent donc Bernstein régler cela tout seul avec les dictateurs. C'est une affaire entre eux et lui.

Il se redresse, il tonne.

Et Hitler recule.

Hitler a eu peur.

... L'épilogue s'est déroulé de par le vaste monde. En Touraine, en Vendée, en Gascogne, en Espagne, M. Bernstein fuyait, les talons au derrière. Ce Juif de deux mètres a la foulée très longue. Elle l'a porté loin. On a entendu quelques jours, à la radio de Londres, sa dernière femelle, Eve Curie, garce créée à l'image des garces de son lupanar en cent mélos. Mais Londres est un endroit tout rempli de périls et le géant Bernstein a enjambé l'Atlantique. A New-York, il a retrouvé aussitôt sa superbe. Eh quoi ? Les bombes renversent la City, l'arche sainte, constellée des signes de Salomon et du sterling, et la France n'en est pas encore morte de désespoir ? Au long et au large des quarante-huit États-Unis, M. Bernstein vomit sur elle le flot intarissable de sa haine. Et il rougit d'avoir pu écrire dans la langue française. Car il ne peut savoir combien il l'a insultée. C'est grand dommage pour lui. Il se sentirait vengé.

Personne n'a mieux défini la hideur littéraire de cet ignoble individu que Léon Daudet dans un article écrit en 1911, à l'époque des crécelles et des buccins d'ivoire :

> « *Ce théâtre qui voudrait avoir l'air forcené est en réalité un théâtre plat. Une intrigue mélodramatique et généralement poncive y aboutit, après quelques détours, à une péripétie sommaire et brutale. Tout est Juif là-dedans, hideusement Juif, depuis l'intention sociale anarchique quant aux mœurs, conservatrice quant à la caisse, depuis la fausse satire tramée des pires poncifs du vieux boulevard, jusqu'à l'exhibitionnisme moral — les personnages ne parlent jamais que d'eux avec une impudeur de singes — jusqu'à la laideur du dialogue qu'interrompt ici et là tantôt un gros mot mal placé, tantôt une métaphore de pacotille. Les hommes s'expriment comme des mufles, se comportent comme des animaux. Ils tiennent du chien par leurs actes et du valet ivre par leurs propos. Les femmes sont des femelles mélancoliques, perpétuellement penchées sur leurs miroirs, leur propre caractère ou leur porte-monnaie. Elles n'ont ni cœur, ni tact, ni retenue, ou délicatesse...*
>
> « *... Il aspire à une destruction universelle qui n'épargnerait que sa race et lui. Le mot de ce théâtre, c'est salir. Tous les sentiments sont tournés au vil, toutes les intentions avouées ou cachées*

sont ignobles. Un seul pouvoir est respecté, même quand on se donne les gants de le maudire et de l'insulter, toujours avec une admiration secrète : celui de l'argent. Ce mélange de désir sexuel et d'avidité pécuniaire rend les pièces de ce malheureux Juif insupportable à voir et à écouter.

Je ne parle pas du ton monocorde, conséquence fatale d'une exaspération factice, ni de la niaiserie qui apparaît soudain au tournant d'une réplique, ni de l'ennui qui flotte mêlé à ces vapeurs malsaines. »

Ce texte a trente ans d'âge. Mais l'homme y est tout entier.

FIG. 8

Aurélien-Marie Lugné, dit Lugné-Poë

Lugné-Poe, au cours de sa longue carrière, a fait plus pour l'art dramatique que l'État français avec toutes ses possibilités ; il aimait la vie, le présent et l'avenir, tandis que le Théâtre officiel ne se nourrissait que de chair pourrie.

Paul Claudel

Aurélien-Marie Lugné-Poë programmera des pièces qui ont compté dans l'histoire dont : Ubu Roi *d'Alfred Jarry;* Les Pieds Nickelés *de Tristan Bernard;* Le Roi Candaule *d'André Gide;* L'Annonce faite à Marie *et* L'Otage *de Paul Claudel;* La Couronne de Carton *de Jean Sarment;* La Messe est dite *de Marcel Achard;* La Maison Ouverte *de Steve Passeur;* Tour à Terre *d'Armand Salacrou et bien d'autres.*

Photographie, tirage de démonstration ; Atelier Nadar 1882

CHAPITRE IV

POUR BIEN TERMINER LA PIÈCE

Il faut, selon les rites, que je conclue à nouveau et bien que ce soit pour me répéter. Ce sera en tout cas sans plus de formes ni de nuances qu'à propos du cinéma.

Le théâtre de France doit être purgé des Juifs, des combles jusqu'au trou du souffleur. Si on laissait un souffleur Juif au théâtre lyrique de. Ménilmontant, on risquerait trop de le retrouver un jour dirigeant les destinées de l'Opéra.

Le cinéma français est trépassé. Il va falloir le ressusciter de sa mort juive. Notre théâtre vit et n'a même point la mine trop mauvaise. Il vit parce que les Juifs n'y trouvaient plus leur compte et qu'ils nous y abandonnaient négligemment des places, comme on distribue des billets de faveur pour une comédie qui ne fait plus recette. Mais ils y ont passé trop de temps encore et en trop grand nombre pour : que leur odeur ne se retrouve pas dans l'air et leurs traces sur les tentures. Ils n'en sont même pas tous sortis. Cherchez un peu. Vous en découvrirez sans peine plus d'un dans les coins, qui attend patiemment que la pièce recommence, avec Blum pour vedette et Mandel pour régisseur.

Il faut pousser le Juif hors de la scène et des coulisses et qu'il ne puisse jamais y remettre les pieds. Le Juif ne doit jamais posséder, diriger, administrer un théâtre, parce que tous ceux qui l'ont fait y ont apporté des mœurs fourbes ou malpropres. Ils n'ont sans doute pas englouti des milliards, comme les Juifs du cinéma. Mais à l'échelle des millions, leurs méthodes ont été les mêmes. Ils ont truqué les bilans, volé les droits d'auteur, pressuré les comédiens, étranglé leurs concurrents, et cela pour favoriser systématiquement l'article de bazar, le vaudeville le plus lourd, le mélo le plus niais ou le plus frelaté, au détriment de l'œuvre belle ou simplement honnête, en faisant descendre toujours plus bas le niveau du goût public.

On ne peut pas, à leur décharge, relever un seul trait, un seul projet qui échappe au froid négoce au sordide profit. Depuis plus de quarante ans cependant, depuis vingt-cinq surtout, maints directeurs, ceux que Robert Brasillach a nommé les « animateurs de théâtre », ont joué dans l'évolution de l'art dramatique un rôle décisif, au moins aussi important que celui des meilleurs écrivains de leur époque. Ils ont renouvelé de fond en comble la mise en scène, l'interprétation, restauré le goût des classiques, révélé les étrangers de valeur, suscité ou inspiré maintes œuvres originales. D'Antoine à Louis Jouvet, en passant par Lugné-Poë, Jacques Copeau, les Pitoëff, Baty et Charles Dullin, pas un seul d'entre eux n'a été ou n'est Juif. Et je n'en vois pas davantage parmi ces jeunes compagnies, sorties depuis quelques années de tous les coins de Paris, quelquefois bien maladroites, souvent charmantes, mais qui ont joué les premières le délicieux Jean Anouilh et dont la multiplication, qu'elles soient éphémères ou durables, est le signe certain d'un renouveau.

On doit dire que parmi ces hommes de grand talent ou de moindre talent, s'il en est certains qui ont gagné de l'argent, qui se sont même enrichis, s'ils ont cherché fort naturellement et souvent attendu en vain la rémunération de leurs peines, il n'en est pas un seul qui n'ait connu la pauvreté, quelquefois la misère, qui n'ait tenu tête à la fois aux créanciers, aux sifflets du public, à la bêtise des journalistes, rêvé, trimé, lutté, échoué, recommencé, avant tout par amour d'un admirable métier. Après ce désert de la boue et de l'or Juifs que je viens de traverser, je suis heureux de pouvoir saluer des artistes.

Les Juifs du théâtre, eux, n'ont été que des marchands, et des marchands sans honneur.

Les auteurs Juifs tout comme leurs barnums. Je ne dis pas que ce soit le cas de tous les dramaturges Juifs du monde. Je constate seulement ce qui est advenu chez nous. Il faut croire que nous sommes tombés sur une mauvaise couvée.

Il doit être interdit de jouer sur une scène française une pièce d'un auteur Juif, mort ou vivant, qu'il ait été du Grand Orient ou de l'Académie. C'est une mesure d'assainissement indispensable. L'influence de ces gens, lorsqu'ils ont pu en avoir une, a été funeste. Pour ne parler que des plus « grands », ils n'ont déterminé qu'une imitation de leurs imitations, que le goût du factice et de la boursouflure, dans les situations, dans les caractères, dans le dialogue, dans le jeu. C'est là le seul apport qu'ils puissent revendiquer.

J'entends se récrier un certain nombre de braves gens habitués à voir ces noms Juifs entourés du halo des gloires nationales et qui avaient un éblouissement lorsqu'ils reconnaissaient la barbe de Tristan Bernard dans un bureau de tabac. J'aimerais être capable d'apaiser leurs consciences. On peut garder dans des placards une douzaine de pièces juives pour les collections de la zoologie littéraire, pour la curiosité et pour l'éducation des futurs étudiants qui devront savoir comment ces bêtes étaient faites et en tirer les enseignements qu'il conviendra. On peut brûler le reste en toute tranquillité. La littérature française y gagnera en salubrité. Elle n'y perdra pas une parcelle de substance.

Je n'aurais pas la place de justifier le choix des œuvres dramatiques françaises et aryennes de ces cinquante dernières années qui me paraissent les plus importantes, les plus originales. Mais pour les œuvres juives, nous avons suffisamment fait le tour de Porto-Riche et de Bernstein, mélange adultère de Porto-Riche lui-même, de Becque, de Curel et de l'Ambigu. Alfred Savoir est une espèce de pendant Pollack à Bernstein, avec le mérite de plus de franchise et sans doute d'un peu plus d'intelligence. Tristan Bernard est un suiveur d'Allais et de Courteline, avec une pointe de Jules Renard. Le pastiche est parfois adroit. Il n'ajoute rien d'original aux modèles. Croisset n'est qu'une pâle doublure de Flers et Capus, et qui n'a presque jamais rien signé seul. Pour le reste, qui se rappelle le titre de deux pièces de Sée ou de Romain Coolus ? Quant à Maurey, Wolff ou Jacques Natanson, on m'épargnera, j'espère, la peine de descendre jusque-là.

Ce qui surprend le plus chez les Juifs, dans ce domaine comme dans tant d'autres, c'est leur impuissance à créer, leur hâte à s'assimiler le plus vulgaire, le plus éphémère, en l'occurrence cette fameuse « pièce » des boulevards que personne n'a galvaudée comme eux.

Tout ce qu'on peut leur accorder de personnel, non dans la facture ou dans l'invention, mais dans le fond, dans les tempéraments, dans les intentions, ne relève certainement que de la race juive. Et c'est encore une nouvelle raison de les bannir.

Je veux, pour appuyer ce bref réquisitoire, citer un témoin que personne, j'imagine, ne récusera, surtout en cette matière. C'est un des plus grands écrivains français vivants, sinon le plus grand, un esprit qui a poussé jusqu'à la manie du scrupule, jusqu'à la divagation, l'inquiétude du juste et de l'injuste. Il a toléré autour de lui bien des Juifs. Mais il est toujours resté attaché, parfois à son insu, à trop de profondes réalités françaises pour n'avoir pas dépouillé, d'un œil aussi peu prévenu qu'admirablement lucide l'étranger que le meilleur Juif héberge en lui.

Voici donc ce qu'écrivait, il y a quelque vingt-cinq ans, André Gide dans son *Journal* :

« *Pourquoi parler ici de défauts ? Il me suffit que les qualités de la race juive ne soient pas des qualités françaises, et lorsque ceux-ci (les Français) seraient moins intelligents, moins endurants, moins valeureux de tous points que les Juifs, encore est-il que ce qu'ils ont à dire ne peut être dit que par eux, et que l'apport des qualités juives dans la littérature, où rien ne vaut que ce qui est personnel, apporte moins d'éléments nouveaux, c'est-à-dire un enrichissement, qu'elle ne coupe la parole à la lente explication d'une race et n'en fausse gravement, intolérablement, la signification.*

« *Il est absurde, il est dangereux même de nier les qualités de la littérature juive, mais il importe de reconnaître que, de nos jours, il y a en France une littérature juive, qui n'est pas la littérature française, qui a ses qualités, ses significations, ses directions particulières. Quel admirable ouvrage ne ferait-il pas et quel service ne rendrait-il pas aux Juifs et aux Français, celui qui écrirait l'histoire de la littérature juive — une histoire qu'il n'importerait pas de faire remonter loin en arrière, du reste, et à laquelle je ne verrais aucun inconvénient de réunir et de mêler l'histoire de la littérature juive des autres pays, car c'est la même. Cela mettrait un peu de clarté dans nos idées et retiendrait, sans doute, certaines haines, résultat de fausses classifications.*

« *Il y aurait encore beaucoup à dire là-dessus. Il faudrait expliquer pourquoi, comment, par suite de quelles raisons économiques et sociales, les Juifs, jusqu'à présent, se sont tus. Pourquoi la littérature juive ne remonte guère à plus de vingt ans, mettons cinquante peut-être. Pourquoi, depuis ces cinquante ans, son développement a suivi une marche si triomphante. Est-ce qu'ils sont devenus plus intelligents tout à coup ? Non. Mais auparavant, ils n'avaient pas le droit de parler ; peut-être n'en avaient-ils même pas le désir, car il est à remarquer que de tous ceux qui parlent aujourd'hui, il n'en est pas un qui parle par besoin impérieux de parler, — je veux dire pour lequel le but dernier soit la parole et l'œuvre et non point l'effet de cette parole, le résultat matériel ou moral. Ils parlent parce qu'on les invite à parler. Ils parlent plus facilement que nous parce qu'ils ont moins de scrupules. Ils parlent plus haut que nous parce qu'ils n'ont pas les raisons que nous avons de parler parfois à demi-voix, de respecter certaines choses.*

« Je ne nie point, certes, le grand mérite de quelques œuvres juives, mettons les pièces de Porto-Riche par exemple. Mais combien les admirerais-je de cœur plus léger si elles ne venaient à nous que traduites car que m'importe que la littérature de mon pays s'enrichisse si c'est au détriment de sa signification. Mieux vaudrait, le jour où le Français n'aurait plus force suffisante, disparaître, plutôt que de laisser un malappris jouer son rôle à sa place, en son nom. »

Combien d'entre nous n'ont-ils pas fait, depuis dix années, le vœu désespéré de Gide dans leur cœur ? Il est désormais sans objet. Quoi qu'il arrive, la France est perdue pour les Juifs.

Cela ne signifie-t-il pas que pour les Français, elle est aux trois quarts sauvée ?

FIN

- the-savoisien.com
- pdfarchive.info
- vivaeuropa.info
- freepdf.info
- aryanalibris.com
- aldebaranvideo.tv
- histoireebook.com
- balderexlibris.com

www.ingramcontent.com/pod-product-compliance
Lightning Source LLC
LaVergne TN
LVHW091559060526
838200LV00036B/915